U0115950

中國共產黨最有理由自信

王　毅　彭志恩　著

目 錄

序 言

　　在華夏的國門尚未被西方列強敲開之前，在長達數千年的歷史長河裡，中國自信仿佛是華夏民族與生俱來的東西，中華之外皆為蠻夷。這一心態發生改變是於近代。近代以降，國門洞開的中國在西方列強的軍事、政治、經濟和文化侵略下逐漸淪為一個半殖民地半封建國家。與日益嚴重的民族危機接踵而至的是國人對中國困頓的反思。從器物文明到制度文明再到文化心理層面的深層次反思，國人的自信在外敵重創前受到了前所未有的打擊。全盤西化一直不絕於中國近代思想舞臺，也贏得不少擁躉。與這些西化者信心全然潰敗相反的是，一些有識之士重拾中國傳統，以為中國文化亦有自己優長，不必完全仰仗其他文明。這些人用心良苦，他們試圖用綿延幾千年的中國文化重建國人的自信。但是，國人自信要真正重塑，必須收拾山河，完成民族國家的獨立。這一任務終於在中國共產黨領導下完成了，當 1949 年毛澤東同志莊嚴宣告中國人終於站立起來之時，昔日國人被嚴重挫敗的自

信找到了根基。

新中國成立後，特別是改革開放以後，中華民族重拾自信的步伐一次次加速，中國人民的民族自信和自豪感也在一次次建設壯舉中得到最大程度的喚醒和啟動。2016 年 11 月，習近平同志在紀念孫中山先生誕辰 150 周年大會上說：「新中國成立 67 年特別是改革開放 30 多年來，在中國共產黨領導下，中國人民在社會主義道路上實現了一個又一個偉大飛躍，取得舉世矚目的偉大成就。今天，我們可以告慰孫中山先生的是，我們比歷史上任何時期都更接近中華民族偉大復興的目標，比歷史上任何時期都更有信心、有能力實現這個目標。」

我們今天所擁有的自信，更多是同自身縱向比較而得來的。同近代以來歷史上任何時刻相比，今天的我們最有自信。但同樣不可否認的是，今天的中國，在一部分國人的內心深處，不自信的心理仍然如影隨形。這種不自信多數是通過橫向比較得來的。如我們是世界第二大經濟體，但人均 GDP 卻仍排在世界 70 位以外。我們創造了當今世界最多最大的發展奇跡，卻又是少數實行社會主義制度的國家。我們有數千年延綿不斷的儒家文化、近百年寶貴革命文化和數十年的社會主義建設先進文化，卻又是極少數旗幟鮮明高舉馬克思主義旗幟批判資產階級的國家。總之，我們一邊有許多理由感到自豪，一邊卻難免有時自我懷疑和審視。我們既深信不久的未來中華民族偉大復興勢不可擋，但面對尚且強勢的西方世界卻又感覺任重而道遠。偉大的目標向來離不開偉大的信念和自信，在 21 世紀第二個十年的後半程，在中國特色社會主義進入新時代，在決勝全面建成小康社會、實現第一個百年奮鬥目標，並乘勢而上開啟全面建設社會主義現代化國家新征程之際，我們十分有必要慎重地討論有關自信的問題，為民族和國家的自

信尋找最充足、最可靠、最無可辯駁的理由，由此樹立起更加清晰、更加深刻、更加堅定無比的民族自信心。

當然，真正的自信與盲目的自信是截然不同的。真正的自信源於清醒的自我認知，是人們對自身當前狀況以及未來前途命運心中有數的表現。因此，真正的自信必然離不開清晰準確的自我回顧、自我定位和自我展望。而自我回顧、自我定位和自我展望又總是離不開一定的參照系，因而自信總是離不開一定的比較。既離不開橫向的對比，更離不開縱向的自我認識。橫向對比能夠最直觀呈現對比各方高低優劣，從而瞭解到自身當前所處方位，但這樣的比較往往陷於一時一域的簡單比對，忽略許多深層和長遠的東西，因此也常常是導致盲目自信或盲目自卑的重要誘因。唯有縱向的自我回顧和展望最能夠客觀準確描述和預見自我的前途和命運。因此，最深沉的自信必然來源於縱向的自我客觀認識和評價。習近平總書記在不同場合、不同會議上多次說：知己知彼，百戰不殆，要實現中國夢，完成我們這一代人的歷史使命，就要樹立信心，清醒地認識到我們的優勢，而不能妄自菲薄，自怨自艾，在前進的道路上迷失方向，甚至走上歧路。

回顧中國共產黨近百年革命和建設的歷史，堅持實事求是走自己的路、堅持獨立自主，歷來是出奇制勝最可靠的「穩定器」。辯證法不崇拜任何東西，中國共產黨領導中國革命和建設的歷程中從來不輕易「趕時髦」「隨大流」，而總是實事求是規劃自己的道路，堅持自己的戰略定力。1949 年，毛澤東同志在中國人民政治協商會議第一次全體會議上發表講話時指出：「讓那些內外的反動派在我們面前發抖罷，讓他們去說我們這也不行那也不行罷，中國人民的不屈不撓的努力必將穩步地達到自己的目的！」新中國成立以來特別是改革開放 40

年來，中國共產黨始終胸懷理想、堅定信念，堅定社會主義初級階段基本路線不動搖、不懈怠、不折騰，始終埋頭苦幹、頑強奮鬥、艱苦奮鬥、不懈奮鬥，始終堅定道路自信、理論自信、制度自信、文化自信，保持政治定力，中國特色社會主義取得舉世矚目的輝煌成就，進入了新時代。因此可以說，新中國成立以來特別是改革開放以來取得的所有輝煌成就，最大的經驗就是始終穩住了定力，堅定了自信。

　　本書以《中國共產黨最有理由自信》為題，體現了政黨自信與國家民族自信的辯證關係。作為中國特色社會主義建設事業的堅強領導核心，中國共產黨比世界上任何政黨和組織都更加瞭解中國特殊國情，更加懂得中國人民所思所想，更加體會中華民族宏偉抱負，中國共產黨對中國前途和命運的把握最準確深刻，治國理政的經驗和理論最豐富最成熟，因此對中國未來的發展也最胸有成竹。回顧中華民族重拾自信的百年歷程，中國共產黨無疑是近代以來中華民族最具自信品格的政治組織，同時也是最善於激發和引導民族自豪感、重建民族自信心的源動力量。因此可以說，中國共產黨的自信最充分地反映和體現了當代中華民族的自信。中國共產黨的自信，擇其要點，也就是對當代中國特色社會主義道路、理論、制度、文化的自信，是中國共產黨對中華民族偉大復興必然性的堅定自信。

第一章

為什麼要談論自信

一、什麼是自信

自信是對自身的肯定，這種肯定不是盲目的，也不是虛空的，關鍵在於有所可信。一個政黨的自信是它的理論、價值、歷史、時代賦予它的一種特殊氣質。

（一）自信是崇高的追求

習近平總書記指出：「中國共產黨之所以叫共產黨，就是因為從成立之日起我們黨就把共產主義確立為遠大理想。我們黨之所以能夠經受一次次挫折而又一次次奮起，歸根到底是因為我們黨有遠大理想和崇高追求。」這就表明，一個政黨的本質特徵最科學和最集中的體現在於它的性質。中國共產黨自成立起就是按照馬克思列寧主義建黨原則建立的新型工人階級政黨。黨的十六大在十二大黨章的基礎上，

重新界定了黨的性質：「中國共產黨是中國工人階級的先鋒隊，同時是中國人民和中華民族的先鋒隊，是中國特色社會主義事業的領導核心，代表中國先進生產力的發展要求，代表中國先進文化的前進方向，代表中國最廣大人民的根本利益。黨的最高理想和最終目標是實現共產主義。」這一規定，明確揭示了中國共產黨的性質，揭示了中國共產黨是階級性、人民性和先進性的有機統一。

任何政黨都以一定的階級為基礎，具有鮮明的階級性。中國共產黨從成立之日起，就是中國工人階級的政黨，始終堅持工人階級先鋒隊的性質。工人階級是新的生產力的代表者，最有覺悟，最有政治遠見，最富於組織紀律性。中國共產黨是由中國工人階級中有共產主義覺悟的先進分子所組成的，集中代表了中國工人階級的優秀品質和特點。中國共產黨是中國工人階級的先鋒隊，為什麼同時是中國人民和中華民族的先鋒隊呢？這是因為，中國工人階級的根本利益同中國人民和中華民族的根本利益是一致的。馬克思主義認為，工人階級只有解放全人類，才能最終解放自己。中國共產黨成立90多年來，始終以實現中華民族偉大復興為己任。實現國家富強、民族振興、人民幸福，不僅符合中國工人階級的根本利益，也是中國人民和中華民族的根本利益所在。中國共產黨只有同時成為中國人民和中華民族的先鋒隊，把各個階層、各個民族優秀分子吸納到黨內來，不斷提出符合全體人民共同意願的政治主張、政治綱領、政策舉措，才能最大限度地調動和發揮一切積極因素，凝聚起全體人民和中華民族的磅 力量，為實現中華民族偉大復興共同奮鬥、艱苦奮鬥、接續奮鬥。

中國共產黨是中國特色社會主義事業的領導核心，這是歷史的選擇、人民的選擇。在中國這樣一個大國，無論是革命、建設還是改革，

只有在中國共產黨的堅強領導下才能取得勝利，沒有中國共產黨的領導是不可想像的，是必然要失敗的。沒有共產黨就沒有新中國；沒有共產黨就沒有中國特色社會主義。這一點已經並將繼續被雄辯的事實所證明。

中國共產黨代表中國先進生產力的發展要求，代表中國先進文化的前進方向，代表中國最廣大人民的根本利益，這是對黨的性質科學內涵的豐富和發展，是對黨的先進性的集中概括，也是對如何保持和發展黨的先進性的科學指引。換句話說，始終做到「三個代表」，是中國共產黨能夠由小到大、由弱到強，在歷經磨難中不斷發展壯大，能夠成為「兩個先鋒隊」的根本原因，也是繼續保持和發展先進性、始終走在時代前列的根本途徑。

（二）自信是經驗的積累

中國共產黨從成立到現在，在中國革命和建設的過程中因為種種原因歷經了很多磨難，甚至一度到達生死存亡的邊緣，但是，我們黨在危急關頭總能撥亂反正，擊退機會主義、教條主義、「左」傾盲動主義和冒險主義、取消主義的影響，救自己於水火之中，這也是我們應該自信的地方。中國共產黨的成立使中國革命的面貌煥然一新，年輕的中國共產黨在馬克思主義的指導下和共產國際的幫助下，積極投身到革命當中。由於國民黨右派的叛變，中國共產黨經歷了第一次巨大磨難，無數共產黨人和革命群眾被白色恐怖奪去了生命，許多人開始脫黨。李立三 1930 年 2 月 1 日在《黨史報告》中介紹道：1927 年革命失敗之後，武漢許多同志公開宣佈脫離黨，人數一天天增加，初則一個一個的登報脫離，繼則一批一批。但是，更有許多人沒有被嚇倒，

沒有屈服，共產黨人用許多可歌可泣的事蹟堅持了自己的選擇。隨後
黨在八七會議中分析了革命失敗的原因，在關鍵時刻挽救了革命，儘
管存在一些局限，但它標誌著黨擺脫了當時機會主義的泥潭，挽救了
黨於生死存亡之際，並找到了土地革命和武裝鬥爭這兩條路徑，中國
共產黨又重新走上了革命的大道。「在嚴重的環境之下，不是革命危
機的時候，我們要整改自己的隊伍，糾正過去嚴重的錯誤，而找著新
的道路。但是我們深信我們的黨必定有很充足的力量，以堅決的革命
性改進這個變革的關鍵。我們必須召集全體黨員，積極的來幫助黨的
這件事，我們深信同志們奮鬥的堅決性及其對於革命的忠心，實必能
使我們戰勝一切困難，而堅決的使黨走上正確的道路，我們的黨在共
產國際指導之下，必定得到最後的勝利。」[1] 這歸功於以毛澤東為代表
的中國共產黨人能在一些重大問題上旗幟鮮明地提出切合實際卻與中
共中央和共產國際不同的意見，彰顯了實事求是的精神。這也表明，
獨立自主對於一個政黨來說是多麼重要。

　　經受住了機會主義的考驗之後，當時中國共產黨中存在的教條主
義傾向又日漸嚴重。中國共產黨深受共產國際影響，革命初期在思想
上、組織上和物質上對十月革命的經驗，對共產國際都有很大的依賴。
當時普遍認為十月革命的經驗就是無產階級革命的普遍真理，放之四
海而皆準。這種迷信思想加上革命後期共產國際的控制導致黨內教條
主義日趨嚴重。共產國際缺乏對自身錯誤的反省，也沒能很好地處理
與中國共產黨的關係，認為中國共產黨理論不成熟，需要監管。中國

1〈中共「八七會議」告全體黨員書〉（1927 年 8 月 7 日），《中共黨史教學參考資料》
　1957 年 5 月。

共產黨一些領導人逐漸意識到了共產國際的錯誤政策，對斯大林和共產國際產生了懷疑。可以說這種懷疑是一種進步，表達了獨立領導中國革命的願望，但這還遠遠不夠。由此導致陳獨秀與托洛茨基的聯合，最後走向了取消革命。除了「右」的革命取消主義之外，「左」的錯誤傾向也發展為「左」傾盲動和冒險主義，包括對民族資產階級的性質作了錯誤認定和過高估計革命形勢。其中最重要的原因就是理論與實際脫節，對革命形勢的錯誤估計，其根本上還是要走十月革命的「城市中心」道路，並在黨的組織路線上採取了盲目排斥知識份子、提倡黨的幹部工人化的政策和懲辦主義的過火鬥爭。由於「左」傾盲動主義脫離當時的客觀實際，必然使中國革命處處碰壁，造成了革命力量的不斷損失，是中國革命道路探索中的失誤，也是必然代價。它從一方面證明了馬克思主義與中國具體實際相結合的重要，為毛澤東的探索提供了教訓。毛澤東在自己的革命實踐中，逐漸打破了教條主義的束縛，找到了符合中國實際的革命道路，即工農武裝割據、農村包圍城市，武裝奪取全國政權。

　　在中國共產黨領導進行社會主義建設的過程中，同樣也存在教條主義、左傾主義的影響，由此導致國家以階級鬥爭為綱，歷經十年文化大革命的浩劫，致使黨和人民付出了沉重代價。所以鄧小平在1992年南方談話中指出，「根深蒂固的還是『左』的東西」，『左』帶有革命的色彩，好像越『左』越革命。『左』的東西在我們黨的歷史上可怕呀！一個好好的東西，一下子被他搞掉了。右可以葬送社會主義，左也可以葬送社會主義。中國要警惕右，但主要是防止『左』。」[1]正

1《鄧小平文選》第3卷，人民出版社1993年版，第375頁。

是由於中國共產黨人善於從磨難中吸取教訓，及時改正錯誤，找到了一條中國特色的社會主義建設之路，中國共產黨也才能永葆生機。中國共產黨 90 多年的歷史證明：「在我們這樣一個大國，尤其必須主要依靠自己的力量發展革命和建設事業。」「建國以前和建國以後，在黨和毛澤東同志領導下，無論遇到什麼困難，我們都沒有動搖過獨立自主、自力更生的決心，沒有在任何外來的壓力面前屈服，表現了中國共產黨、中國各族人民的大無畏的英雄氣概。」[1]

（三）自信是科學的精神

如果把社會主義的誕生從莫爾的《烏托邦》算起，社會主義至今已經有 500 多年的歷史，這 500 多年來，人們從思潮、運動或現實制度出發，給社會主義下了各式各樣的定義。馬克思創立了唯物史觀和剩餘價值學說，使社會主義由空想變為科學，而十月革命使社會主義從理論變為現實，建立了世界上第一個社會主義國家。這與馬克思恩格斯的構想有所差別，並進一步使社會主義的概念眾說紛紜。《布萊克維爾政治思想百科全書》這樣評價社會主義：「社會主義與其說是單一的學說，還不如說是一系列相互聯繫在一起的觀點，無論學術注釋者還是政治支持者和反對者，在關於社會主義『本質』要素的鑒別

---

1 〈中國共產黨中央委員會關於建國以來黨的若干歷史問題的決議〉，載《三中全會以來重要文獻選編》（下），人民出版社 1982 年版，第 835-836 頁。

或存在的問題上都存在著分歧。」[1] 究其原因在於對馬克思主義、對社會主義的理解都是與各國的實際情況相聯繫的，植根於各國的文化土壤。俄國建立社會主義後，逐步形成了以計劃經濟、單一公有制為特徵的蘇聯模式，並在一定時期內成為社會主義的「樣板」。但是隨著蘇聯的解體，社會主義在蘇聯的實踐失敗了。與此同時，中國雖然在建設社會主義的進程中也經歷了代價頗大的挫折，並最終確定了「社會主義的本質是解放和發展生產力」的科學論斷。鄧小平的社會主義本質論概括的是整個社會主義發展過程的本質，這就包括現實社會主義及其未來階段。在社會主義初級階段，現實社會主義就是指中國特色社會主義。鄧小平對社會主義特徵的概括更強調經濟領域，這是為了改變人們以往對社會主義的刻板認識，推進改革開放的迫切需要。改革開放的重要成果是社會主義市場經濟的建立和完善，因此市場經濟可以作為中國特色社會主義的基本經濟特徵之一，也可以看作是中國特色社會主義經濟基礎方面的特徵。除此之外，社會主義本質的實現，不純粹是一個經濟問題，還是一個政治問題。這個政治問題的解決就只能通過中國共產黨的領導來實現。鄧小平曾說到：「在中國這樣的大國，要把幾億人口的思想和力量統一起來建設社會主義，沒有一個由具有高度覺悟性、紀律性和自我犧牲精神的黨員組成的能夠真正代表和團結人民群眾的黨，沒有這樣一個黨的統一領導，是不可能設想的，那就只會四分五裂，一事無成。」[2] 辦好中國的事情，關鍵在黨。

1〔英〕大衛 · 米勒主編：《布萊克維爾政治思想百科全書》，中國政法大學出版社 2011 年，第 547 頁。

2《鄧小平文選》第 2 卷，人民出版社 1994 年版，第 341-342 頁。

中國共產黨是中國特色社會主義事業向前發展的關鍵所在，黨的領導理所應當是中國特色社會主義最本質的特徵，是中國特色社會主義的「最大特色」。

在中國共產黨這一「最大特色」的引領下，中國共產黨成功地實現了馬列主義與中國實際相結合的兩次理論飛躍，即毛澤東思想和中國特色社會主義理論體系。十八大以來，中國共產黨根據國內外形勢變化和我國各項事業發展，圍繞新時代堅持和發展什麼樣的中國特色社會主義、怎樣堅持和發展特色社會主義這一重大課題，經過全黨和全國人民的共同辛勤探索，形成了習近平新時代中國特色社會主義思想，並在十九大報告中公之於眾，報告進一步指出：中國特色社會主義最本質的特徵就是中國共產黨的領導。在社會主義的建設過程中，中國特色的核心在於它與西方的經典嚴重不符。它絕不是在西方構建的資本主義和社會主義兩者之間進行非此即彼的選擇，而是資本主義、社會主義與中國實際共同構成的三角關係。早在中國革命時期，我們就形成了「槍桿子裡面出政權」「農村包圍城市」等中國特色的革命理論，可以說，中國共產黨歷史上每一次的路線鬥爭，實際上都是中國特色與其他道路的較量，最終都是以結合中國實際的中國特色之路取得了勝利。亨廷頓在「文明的衝突」理論中提出，不同的文明應該對話，未來世界應該是多元文化共存的世界。中國擅於求同存異，在實現現代化的道路上，西方提出的許多方式都在中國獲得了實踐。事實證明，單靠任何一種方式，都很難實現現代化，很難最終建成社會主義。即便是現在的英法美等國，也開始借鑒中國發展中的一些經驗。中國特色形成的中國發展道路，是多元融合之後的結果。而習近平新時代中國特色社會主義思想作為科學的理論是全黨全國人民為實

現中華民族偉大復興而奮鬥的行動指南，必須長期堅持並不斷發展。在世界多元化日益成為時代主流的今天，我們應該清醒地認識到，這些中國特色是真正的精華，應該成為我們自信的基石。

（四）自信是過人的定力

戰略，就是統籌全域的方略；定力，是一種在複雜形勢下抵制誘惑、排除干擾、把注意力集中在主要目標和首要挑戰上的能力，從而有效應對挑戰，達成有利結果。它體現為在把握事物發展規律、認清事物宏觀走勢的基礎上，冷靜沉著地行動。黨的十八大以來，面對錯綜複雜的國際國內形勢，習近平總書記多次告誡全黨，要加強戰略思維，增強戰略定力。所謂戰略定力，是指在錯綜複雜形勢下為實現戰略意圖和戰略目標所具有的戰略自信、意志和毅力。就一個國家、一個民族而言，戰略定力對實現國家強盛和民族興旺具有重要戰略意義。而戰略定力更是體現在自信的基礎上。有自信才有底氣，有底氣才有力量。戰略自信是戰略定力的重要源泉，高度的戰略自信可以激發強大的精神力量。這是歷史經驗反復證明了的。今天，我們的戰略自信就是中國特色社會主義的道路自信、理論自信、制度自信。始終保持這種自信，我們就能不為任何風險所懼、不為任何干擾所惑，為實現中國夢而不懈奮鬥。

就國內而言，改革已經到了攻堅階段，經濟發展進入新常態，利益多元思想多樣，新的矛盾和問題層出不窮。要從紛繁複雜的事物表像中把准改革脈搏，在眾說紛紜中開出改革良方，就必須保持清醒的洞察力和判斷力，按照中央的戰略部署，蹄疾而步穩地推進各項改革。

習近平總書記在吉林調研時強調，適應和把握我國經濟發展進入新常態的趨勢性特徵，保持戰略定力，增強發展自信，堅持變中求新、變中求進、變中突破，走出一條品質更高、效益更好、結構更優、優勢充分釋放的發展新路，推動我國經濟向形態更高級、分工更優化、結構更合理的階段演進。習近平總書記強調的「保持戰略定力，增強發展自信」與「堅持變中求新、變中求進、變中突破」，兩者相輔相成，不可或缺；是指導我們辯證看待經濟發展形勢、認識和引領經濟新常態的科學方法論。有自信才能有定力，也只有保持定力才能更加從容自信。保持戰略定力，增強發展自信，這是確保我們走出一條經濟發展新路的思想基礎和戰略保障。堅持變中求新、變中求進、變中突破，則是在戰略定力和發展自信的前提下，打通道路的重要方法和實現路徑。習近平總書記多次指出：「實現我們確立的奮鬥目標，我們既要有『亂雲飛渡仍從容』的戰略定力，又要有『不到長城非好漢』的進取精神。」「我國國家治理體系需要改進和完善，但怎麼改、怎麼完善，我們要有主張、有定力。」「我國經濟發展已經進入新常態，如何適應和引領新常態，我們的認識和實踐剛剛起步，有的方面還沒有破題，需要廣泛探索。關鍵是要保持戰略定力，應勢而謀，深入研究管用的措施和辦法。」在經濟新常態下，唯有保持戰略定力，增強發展自信，我們才能做到不為任何風險所懼，不被任何干擾所惑；才能在「亂花漸欲迷人眼」時保持沉著冷靜，在「千磨萬擊」和「東西南北風」中「咬定青山不放鬆」，向著實現兩個一百年奮鬥目標和中華民族偉大復興的中國夢協力奮進。

　　就國際形勢而言，近年來，美國加大了亞太戰略調整的力度，南海、釣魚島的領土、領海爭端有長期化的趨勢，東南亞、東北亞的各

種力量在經歷複雜的分化組合，世界經濟增長不穩定不確定因素增多，國際貿易領域的保護主義有所抬頭。與此同時，能源資源安全、網絡安全等全球性問題更加突出。在這樣的情況下，如果沒有足夠的戰略定力，很容易隨波逐流、舉止失措。聽到有人把中國的形勢說得很好，就目空一切、盲目樂觀；聽到有人把中國的形勢說得很差，就妄自菲薄、喪失信心。戰略定力的匱乏，很容易導致心理上的患得患失、行動上的猶豫不決、戰略上的搖擺不定，最終喪失行動能力，錯失當前發展的重要戰略機遇期。面對複雜多變的形勢和艱巨繁重的任務，我們需要做出一系列重要戰略選擇。比如，如何處理中美關係中鬥爭與合作的關係？在周邊的領土、領海權益爭端中，我們追求怎樣的戰略目標，用什麼方式實現？未來一個時期，中國在國際社會中應該如何運用好手中的力量？這些，都是比較重大且不容回避的問題。實現中華民族偉大復興的中國夢，是當今中國的時代強音。中國夢凝聚了幾代中國人的夙願，是國家的夢、民族的夢，也是人民的夢、每一個人的夢。經過一代又一代人的不懈努力，我們現在比歷史上任何時期都更加接近實現中國夢。越是這樣的時候，越可能遇到風險和挑戰，越需要我們保持清醒頭腦、增強戰略定力。

（五）自信是腳踏實地的努力

自信固然是一種精神狀態，一種心理表現，但自信的體現卻是從行動的狀態中體現出來。只空喊口號，卻不行動，即使語言上再是巨人，行動上卻是矮子。對個人來說，自信與否、有多自信、有無自信基礎，是從他做不做事、如何做事和做得好不好來衡量的。對一個政

黨、一個國家、一個民族同樣如此。一句話,自信者必是行動者,必是腳踏實地者。志氣再高,藍圖再美,離不開埋頭苦幹,腳踏實地。中國共產黨正是這樣腳踏實地、一步一個腳印做事的。從「兩個一百年」到「四個全面」再到「中國夢」,無一不是一份責任、一份耕耘,敢為人先,追求卓越,時刻以人民為中心,不斷創新創造性地開展工作。這種孜孜不倦的努力精神、腳踏實地的做事風格,就是自信的表現。

這種腳踏實地首先體現在中國的改革過程中。當今中國,改革是熱點話題,世界各國都在關注著我們的改革。但是,不同的人對改革的理解並不一樣,每個人心中都有關於改革的期望和底線。然而,中國需要改革,中國必須改革。這一點中國共產黨非常清楚。「黨的十八大以來,中央反復強調,改革開放是決定當代中國命運的關鍵一招,也是實現『兩個一百年』奮鬥目標、實現中華民族偉大復興的關鍵一招,實踐發展永無止境,解放思想永無止境,改革開放也永無止境,停頓和倒退沒有出路,改革開放只有進行時,沒有完成時。」[1]馬克思主義認為,事物的運動性、發展性決定了它的規律性。中國共產黨探索中國特色社會主義道路的歷史也是這樣,從社會主義制度的確立到「摸著石頭過河」,再到建立社會主義市場經濟體制;從農村起步到全方位改革開放,再到全面深化改革藍圖的實施,都是隨著實踐的發展、認識的深化,不斷向客觀事物「必然的王國」邁進。在這個進程中,沒有捷徑,惟有改革開放。可以說,改革開放是當今國內的普遍共識,沒有人可以說現在的中國就是最好的了,不需要改革了。

---

1 引自人民網,連結 http://theory.people.com.cn/n/2013/1128/c40537-23686027.
　html。

但是，最關鍵的問題在於「改不改不是問題，如何改才是問題」。

「治大國如烹小鮮」這句話很形象地表述了改革的狀態。改革類似治病，既有面對病症發作的急迫性，也有固本培元的長期性，要處理好急迫性和穩妥性的關係，說到底，改革必須腳踏實地去努力，需要短期、中期和長期目標相結合，畢其功於一役的急躁情緒和過於自信的心態往往對改革不利，這在王安石變法和戊戌變法中多有體現，我們必須加以警惕。當前改革應該汲取歷史教訓，避免改革的急躁情緒，從中國的現實出發，從實踐出發，腳踏實地，解決具體的問題，方能保障改革的順利進行，確保改革目標的實現。這就是自信的資本和表現。

二、自信不是空中樓閣

（一）積貧積弱——曾經的不自信

我們國家曾經一度站在農業文明的巔峰，歐洲工業革命之前，從義大利到法國，再到英國，當時歐洲最富裕的地方無一例外都以中國為榜樣，向中國學習。只是在工業革命後，歐洲具備了可以與中國匹敵的創造財富的新手段，並作為人類文明的後起之秀超越了中國，它們才像當今日本一樣，羞於提及或故意忽略以前的事實，把自己說成是從來都是領先世界的。縱觀歷史，中國一貫奉行的是「王道」的和平崛起路線，而西方一直奉行的是弱肉強食的「霸道」法則，所以西

方在有了可以與中國匹敵的實力後便開始向中國下手，中國的屈辱史從鴉片戰爭開始，到甲午戰爭、八國聯軍侵華到達頂點，而日本侵華時，中國面臨的已經不僅僅是屈辱，而是生死存亡的關頭。可以說，中國與西方的關係問題成為近代史上最重要的問題之一。中國在鴉片戰爭中被英國打敗，徹底改變了西方各國對待中國的態度與政策，紛紛由崇拜變為了蔑視，並蜂擁而上迫使當時的政府簽訂了許多不平等條約，從中國攫取了大量的利益，徹底改變了中國的命運與世界的格局走向。最為關鍵的是，這些屈辱的歷史一度使中國喪失了自信，以學習西方為先，以參照西方為榮。洋務運動、戊戌變法、辛亥革命都是向西方學習探索的例子，但最終都沒有解決中國的發展之路。但是，我們應客觀地認識到，在近代一百多年的歷史上，每一次探索的失敗，都是後人繼續探索的教訓；每一次探索的點滴進步，都是後人繼續前行的鋪墊。失敗並不可怕，歷史總是在不斷的失敗中前進的，可怕的是不能從失敗中吸取教訓。

　　幾百年來，西方人從大航海時代開始就主導世界，在這一過程中，西方世界從武力到科技，從理論到文化，構建了一整套上層建築和意識形態。尤其在工業革命和鴉片戰爭後，西方將自己的方式確立為人類發展唯一正確的方式，以西方為中心，指點著世界的未來。西方每一個輪番崛起的大國，都伴隨著擴張的戰爭，伴隨著對他國的奴役和掠奪，這種掠奪和奴役不僅是物質上、肉體上的，還包括精神上的，最常見的就是用歷史虛無主義抹殺他國的歷史，對中國來說，就是抹殺中國過去幾千年的光輝歷史，侵蝕中國人民流血犧牲的價值和奮勇抗爭的意義，美化施加給中華民族無數災難和痛苦的源頭。最為重要的是歷史虛無主義嚴重打擊中國人的精神世界，使我們喪失了自

信。這種歷史虛無主義實際上是和西方中心論緊密相連的，西方中心論是對西方世界的讚美，歷史虛無主義是對非西方世界的貶低。兩者相輔相成，才能使西方國家顯得自己自始至終都有歷史、有文化，是人類文明的偉大創造者。對中國，他們一方面用「西方中心論」的理論、邏輯和發展標準來描述人類文明的發展，通過主導的世界話語權使全世界認為只有符合西方的才是有價值的。例如種族主義，將人類分為白種人、黃種人和黑種人的高低層次，將黃種人排在白種人前面。另一方面，他們通過教育、宣傳、扶植 NGO 組織等種種「和平演變」方式，在意識形態領域佔據了有利地位，讓很多中國人接受了「西方中心論」，讓中國人自己從內部一點一點地抹殺自己的歷史，抹殺自己的貢獻和價值。於是，中國人醜陋、中國人有劣根性、中國傳統文化落後、中國什麼都不如西方等觀念大行其道。只要「歷史虛無主義」成為中國人的潛意識，那就不怕中國不跟在西方後面走，中國再怎麼進步也不如西方，再加上文化種族主義、逆向種族主義，一步步達到使中國人失去自信，阻礙中國的復興和發展。因此，我們必須警惕歷史虛無主義的危害，堅決抵制。

　　我們的不自信還在於我們還沒有改變「挨罵」的狀態。「挨罵」實際上是歷史上「挨打」的延續。如今，罵成為西方國家的主要手段，從政治到經濟，從軍事到文化，從歷史到人性，無所不罵，只要中國與西方標準不符合就罵。這中間固然有政治意圖，更重要的還是經濟利益，當經濟發展導致力量不均衡甚至不利於西方時，這種「挨罵」將有助於西方打擊對方，維護他們的利益。說到底，我們長期處於「挨罵」境地，主要是因為西方掌握了世界的話語權。因此，中國在發展道路上的任何一點失誤和教訓，都會被無限放大；一些在中國屬於正

常的做法，會被西方歪曲成嚴重的錯誤。話語權的喪失導致我們處在的是一個「沒理」的角色，而輿論傳播渠道的缺失，使得中國即使有道理也無法真正地擺事實、講道理。被罵得多了，即使覺得自己對，也會漸漸喪失自信。部分人理想信念的缺失就是不自信帶來的嚴重後果。而中國在探索社會主義建設過程中的挫折，被西方放大歪曲，更加重了中國人不自信的念頭。

縱觀歷史，毛澤東時代的中國結束了中國百年來受辱的「挨打」問題，鄧小平時代的中國基本解決了「挨餓」的問題，那麼當代中國要解決的就是「挨罵」的問題。因此，習近平總書記多次強調文化自信，認為文化自信「是更基礎、更廣泛、更深厚的自信。在 5000 多年文明發展中孕育的中華優秀傳統文化，在黨和人民偉大鬥爭中孕育的革命文化和社會主義先進文化，積澱著中華民族最深層的精神追求，代表著中華民族獨特的精神標識」。歷史虛無主義所發動的文化戰爭是漫長而艱巨的，儘管結局非常明顯：即中國的歷史永遠不可能被抹殺，中國歷史上對全人類文明的貢獻和中國在歷史、現在和未來的價值不可能被消除。在歷史的廢墟上重建自信，不僅僅是要以物質的繁榮為衡量標準，更重要的還有文化的昌盛。儘管我們有著「挨打」「挨餓」的歷史，現在還未擺脫「挨罵」的境地，但是，我們要知道，中國曾經物質繁榮、文化昌盛、科技領先、制度先進，對人類歷史、人類文明做出了巨大的貢獻，我們完全有理由相信中華民族的復興最終能夠實現。

（二）站起來──中國不再「落後挨打」

　　毛澤東同志有一個著名的論斷：「槍桿子裡面出政權」。這不僅是對當時中國共產黨如何革命的客觀思考，更是對人類歷史的精闢總結。西方國家對外征討掠奪，無一不是建立在「槍桿子」的暴政上。自鴉片戰爭後，西方國家不斷向中國動武，並一次次攫取了巨大利益，中國從此陷入「落後就要挨打」的強盜邏輯，挨打，成為中國一百多年來沉痛的集體記憶。但是，中國共產黨帶領中國人民打敗了欺壓中國民眾的各種勢力，建立了中華人民共和國，毛澤東同志在天安門城樓上的「中國人民從此站起來了」響徹每一個中華兒女的耳畔。但是，新中國成立之初，西方國家仍然是對我們虎視眈眈。朝鮮戰爭便是一個例子。剛開始中國並未參戰，後來志願軍開赴朝鮮時，以美國為首的聯合國軍已經打到了中國邊境。志願軍克服了艱苦的條件，終於把美軍打回了三八線，迫使美國談判並遵守三八線的劃定至今。儘管有外界因素的影響，但是中國捍衛國家領土完整的決心和勇氣是勝利的關鍵。我們絕不能再回到以前「挨打」的境地。中國人民志願軍實際上是戰勝了美國。從此，中國才徹底改變了自鴉片戰爭以來始終「挨打」的局面。即使在此後的幾十年中，中國曾經面臨戰爭威脅，或者發生過小規模的武裝衝突，但是我們都沒有在戰場上失敗。中國共產黨對中華民族最偉大的貢獻之一便是解決了百年來中國「挨打」的問題。這個偉大的成就，是任何人都不可能抹殺的。

（三）富起來──中國不再「忍饑挨餓」

　　鴉片戰爭以來，中國的財富遭到了西方國家的野蠻掠奪，中國的民脂民膏被西方列強及其幫兇一點點榨幹，再加上自然災害、連年戰爭等原因，造成饑荒餓殍遍野，中國變得一窮二白、民不聊生，「挨餓」成為中國社會的最大問題。由於「挨餓」，中國的經濟、文化、教育、科技、國防無從發展，國家民族看不到復興的前景，民眾看不到幸福的希望。中國共產黨取得全國政權、建立新中國後，立即著手改變這一局面。從廢除不平等條約到土地改革，從建設社會主義工業體系到實現改革開放，中國逐漸解決了一個人口眾多的國家人民的「挨餓」問題，讓世界各國刮目相看。尤其是改革開放以來，中國經濟基本保持了中高速增長態勢，國內生產總值由 1978 年的 3678.7 億元增至 2015 年的 676708 億元，增長 183 倍。根據世界銀行的資料，1978 ～ 2015 年，中國經濟總量在世界經濟中的比重由 1.7% 升至 14.8%，落後第一名美國 9 個百分點，領先第三名日本 9 個百分點，穩居世界第二大經濟體。若以購買力平價來衡量，中國的國民總收入（GNI）從 2014 年起就超過美國，位居世界第一。在經濟總量突飛猛進的同時，中國的經濟結構也在持續升級和優化。三大產業產值的比重由 1978 年的 28　48　24 變為 2015 年的 9　41　50，工業化進程實現了從初期向後期的跨越。中國對外經濟方面也取得了舉世矚目的成績。1978 ～ 2015 年，中國貨物進出口總額由 355 億元增至 245741 億元，從 2013 年起，中國成為世界貨物貿易第一大國，全球 100 多個經濟體的主要交易夥伴，這些經濟體合起來約占世界 GDP 的 80%。2015 年，中國服務進出口總額達到 7130 億美元，服務出口居世界第五，服務進口居世

界第二，總規模居世界第二。1983 ～ 2015 年，中國實際利用外資額從
9.2 億美元增至 1263 億美元，從 2014 年起，中國超過美國成為全球吸
收外資第一大國。同時，2014 年中國對外投資規模達到 1400 億美元左
右，首次超用外資的規模，成為資本淨輸出國。按對外投資年流量計
算，中國在 2014 年已經成為世界第二大對外投資國，存量也達到世界
第八。1978 ～ 2015 年，中國的外匯儲備從 1.67 億美元增至 33304 億
美元，從 2010 年起一直位居世界第一。經濟實力的增強，促使中國在
世界經濟中的地位實現了由追隨者到參與者，再到引領者的跨越。但
是，中國共產黨的目標遠不止於這些，「兩個一百年」目標的提出，
不僅是要讓中國人民徹底擺脫「挨餓」的局面，還要讓中國人民最終
實現共同富裕。

（四）說出來──中國不再「忍辱挨罵」

中國的「挨罵」問題是有著兩方面的原因的，第一，西方國家掌
握了世界的話語權，長期以來對中國進行的改革、政策以及理論在意
識形態領域進行了混淆視聽般的宣傳和鼓吹，使得世界各國人民對中
國處於歪曲的認識狀態中。第二，國內意識形態問題上存在的「不爭
論」。「不爭論」一方面顯示了我們強大的理論自信，的確使我們能
夠埋頭一心一意搞建設，但另一方面也造成了國內外對中國特色的曲
解，使得我們在話語權上處於劣勢。2013 年，習近平同志在全國宣傳
思想工作會議上指出，意識形態工作是黨的一項極端重要的工作。在
全面對外開放的條件下做宣傳思想工作，一項重要任務是引導人們更
加全面客觀地認識當代中國、看待外部世界。宣傳闡釋中國特色，要

講清楚每個國家和民族的歷史傳統、文化積澱、基本國情不同，其發展道路必然有著自己的特色；講清楚中華文化積澱著中華民族最深沉的精神追求，是中華民族生生不息、發展壯大的豐厚滋養；講清楚中華優秀傳統文化是中華民族的突出優勢，是我們最深厚的文化軟實力；講清楚中國特色社會主義植根於中華文化沃土、反映中國人民意願、適應中國和時代發展進步要求，有著深厚歷史淵源和廣泛現實基礎。這四個「講清楚」是對「不爭論」政策的調整，充分體現了我們要改變「挨罵」狀態的心情。

　　一方面，我們積極創新，利用新興媒體發聲。自 2015 年 3 月起，新華社在推特、臉譜、優兔等國際社交媒體上推出統一品牌的官方帳號「NEW CHINA」，半年後總粉絲量就超過 600 萬。同時，新華社還向區域性主要社交媒體拓展，開設了法、西、俄、阿、葡、日、緬、越、泰等 15 個語種的 30 多個帳號。從領導人出訪到中國社會的趣聞故事，從碎片化的短文到說唱視頻《四個全面》，「NEW CHINA」已成為新華社報導抵達海外受眾的新渠道，這一現象引起了國際媒體的關注。2014 年，由新華社主創的「月球車玉兔」微博及其融合報導，在海內外輿論場引發強烈反響。CNN、BBC、美聯社、法新社等西方主流媒體罕見正面轉引，美國《外交政策》雜誌將微博背後的運營者稱為「大師」。借鑒玉兔微博模式，對外部去年在暗物質衛星發射報導中探索社交媒體傳播也取得良好效果。這表明，以媒體融合思維提升中國故事的國際表達水準，是融通中外話語體系、增強國際傳播能力的有效路徑。

　　另一方面，我們利用國際會議或外事活動等契機，敢於提出中國理念。無論是對周邊「親、誠、惠、容」的理念，還是對非洲「真、

實、親、誠」四字箴言；無論是建設「一帶一路」對接各國發展戰略，還是推進全球治理共同迎接挑戰；無論是發展新型大國關係，還是構建人類命運共同體，中國提出的發展理念受到國際社會廣泛認同，一定程度上改善了世界對中國歪曲的認識。

　　習近平總書記指出：「實現中國夢必須走中國道路。這就是中國特色社會主義道路。這條道路來之不易，它是在改革開放 30 多年的偉大實踐中走出來的，是在中華人民共和國成立 60 多年的持續探索中走出來的，是在對近代以來 170 多年中華民族發展歷程的深刻總結中走出來的，是在對中華民族 5000 多年悠久文明的傳承中走出來的，具有深厚的歷史淵源和廣泛的現實基礎。中華民族是具有非凡創造力的民族，我們創造了偉大的中華文明，我們也能夠繼續拓展和走好適合中國國情的發展道路。全國各族人民一定要增強對中國特色社會主義的理論自信、道路自信、制度自信，堅定不移沿著正確的中國道路奮勇前進。」[1]中國共產黨帶領中國人民從站起來到富起來，從解決了「挨打」「挨餓」到致力於解決「挨罵」問題，以馬列主義為指導，結合中國實際，進行了艱苦的探索，不斷創新，找到了一條正確的道路，我們必須相信，隨著中國特色社會主義不斷發展，我們的制度必將越來越成熟，社會主義制度的優越性必將進一步顯現！

---

1 引自人民網，連結 http://theory.people.com.cn/n/2013/0328/c83855-20942878.html。

三、今天我們為什麼要談論自信

（一）談論自信是新時代新形勢的必然要求

黨的十九大報告指出，時代是思想之母，實踐是理論之源。我們要善於聆聽時代聲音，勇於堅持真理、修正錯誤，才能使我們的事業蓬勃發展。在九十多年波瀾壯闊的歷史進程中，中國共產黨緊緊依靠人民推動中國先後跨過了「落後就要挨打」和「貧窮就要挨餓」這兩道巨大的歷史溝坎，為中華民族做出了偉大歷史貢獻。面對當今世界全球化、市場化和信息化迅猛發展的歷史趨勢，面對當代中國成功實現大國崛起和民族復興的歷史關頭，中國共產黨人和中國人民能否推動中國特色社會主義在實現經濟崛起的同時進一步實現文化崛起，能否成功跨過「失語就要挨罵」的新的歷史溝坎，進而為 21 世紀和人類世界對美好精神家園及其意義秩序的探索和造就貢獻中國力量，無疑是這一時代給我們提出的重大問題。

人類歷史的演進和經驗反復告訴我們，物質成就的創造是具有基礎性、前提性的實踐和創造，而意義世界的創造則是更具超越性、穩定性和深刻性的實踐和創造。為什麼要講「自信」？因為自信就是要創造一個意義世界的必經之路。堅持和發展中國特色社會主義，不僅要展開物質的、經濟社會形態的建設實踐，以展現中國特色社會主義

的自然—歷史本質，而且還必須同步展開能夠體現「以中國為主體」的文化建設和價值觀建設實踐，並以之作為我們判斷、把握、認同和推進中國特色社會主義的文化依據和價值觀標準。黨的十八大首次將中國特色社會主義道路、理論體系、制度界定為「最鮮明特色」，並首次向全黨明確強調，要堅定這樣的道路自信、理論自信、制度自信。習近平同志在慶祝中國共產黨成立 95 周年大會上明確提出：中國共產黨人「堅持不忘初心、繼續前進」，就要堅持「四個自信」即「中國特色社會主義道路自信、理論自信、制度自信、文化自信」。他還強調指出，「文化自信，是更基礎、更廣泛、更深厚的自信」。習近平同志關於「四個自信」的重要論述，創造性地拓展了黨的十八大提出的中國特色社會主義「三個自信」的譜系，凸顯了中國特色社會主義的文化根基、文化本質和文化理想，標誌著我們黨對中國特色社會主義有了更加明確而開闊的文化建構。不管是「三個自信」還是「四個自信」，我們都要圍繞中國特色社會主義的整體思路思考。

在黨的十二大開幕式上，鄧小平同志提出：「把馬克思主義的普遍真理同我國的具體實際結合起來，走自己的道路，建設有中國特色的社會主義，這就是我們總結長期歷史經驗得出的基本結論。」如今，四十年過去了，無論是從經濟上還是社會上，我們都可以切身地體會到中國這些年來翻天覆地的變化。我們要看到中國改革開放以來所獲得的成就，同時也要看到自信的提出，本質上是源於中國今天的問題。隨著中國改革的深入、社會的演進，尤其是社會轉型，中國面臨的問題也在逐漸增加，在問題和成績面前，我們怎麼來確立自己的「自信」？我們既要看到問題產生的根源，也要看到改革開放四十年來我們所獲得的巨大成就。這其中一個重要關鍵點就是把握時代，「自信」

就源於這個時代，我們如何從一個貧窮國家進入了一個中等高收入國家，這是中國在歷史回望之中充滿自信的一個重要根源。此外，我們還要看到，除了在歷史中尋找「自信」之外，我們還要展望未來，在未來的發展中來看我們的「自信」。黨的十九大報告已經明確了把我國建成富強民主文明和諧美麗的社會主義現代化強國和實現民族偉大復興這一「中國夢」的階段進程和目標，對新時代中國特色社會主義的發展做出了戰略安排。「中國夢」來自於改革開放30多年的偉大實踐、中華人民共和國成立60多年的持續探索、對近代以來170多年中華民族發展歷程的深刻總結，以及對中華民族5000多年悠久文明的傳承，具有深厚的歷史淵源和廣泛的現實基礎。在當下，「中國夢」之所以比歷史上任何時期都更具感召力和影響力，根本原因是隨著中國特色社會主義的發展，當代中國比歷史上任何時期都更接近中華民族偉大復興的目標，比歷史上任何時期都更有信心、有能力實現這個目標。但是，我們還應清醒地看到，雖然黨的十九大指出中國社會主要矛盾已經轉變為人民對美好生活的追求同發展不平衡不充分之間的矛盾，但中國仍處於社會主義初級階段。建設新時代中國特色社會主義，必須從這一基本國情和社會主要矛盾出發，將中國特色社會主義道路、理論體系和制度、文化統一於新時代中國特色社會主義的偉大實踐。與此同時，中國綜合國力的不平衡性及其在國際社會的外溢、國際形勢的複雜多變、世界主要大國戰略東移以及中西、中外在政治制度、歷史文化以及意識形態等方面的客觀差異都構成對中國夢的重大國際挑戰。因此，「四個自信」的提出，無疑為我們提出了有效的應對策略。「四個自信」重要論述的提出，反映了習近平總書記堅持以中國為主體並注重從總體性這一內在屬性來把握中國特色社會主義的

理論創造，也對當代中國共產黨人和中國人民提出了必須要在更為廣闊的歷史時空中去堅守並擔當中國特色社會主義的文化使命、文化權利和文化責任的歷史要求，本質上是在貫通歷史、當下與未來的文化創造的長時段歷史尺度上對中國特色社會主義的文化依據的深刻呈現。

（二）談論自信是建構中國話語權的內在要求

話語權是國家實力與國家形象的表達。作為世界文明大國，中國不能沒有自己的話語權，更不能缺少引領時代發展和世界潮流的話語權。談論自信就是要建構在世界上中國的話語權。「四個自信」是中國共產黨執政理念的創新，是中華民族復興的價值支撐和精神動力。它來自於時代的號召，是一種積極的心理狀態、堅定的政治信念，更是一種理性的改革智慧、發展戰略，指明了建構中國話語權的方向，為建構中國話語權提供了心理基礎、政治基礎和實踐基礎，為確立中國話語自信提供了重要支撐。

跨越「失語就要挨罵」的歷史溝坎，回應國際社會對中國的高度關注，必須建構中國的話語權，圍繞中國特色社會主義道路、理論、制度，使中國特色社會主義成為以此為奠基的文化創造和意義建構，拓展中華文化的歷史連續性、空間廣延性和價值普遍性。近年來，由於受文化差異、情感因素和價值取向的影響，國際社會對中國道路、中國模式出現了不同聲音，如將中國模式定性為「國家資本主義」「市場社會主義」「第三條道路」「後社會主義」等。對中國特色社會主義理論有諸多誤解與誤判，並提出了「中國不會產生思想」的質疑。對中國特色社會主義制度有所偏見，把中國社會出現的矛盾和問題歸

結為制度本身，對此持否定態度。在文化上推行文化種族主義，貶低中國文化，詆毀中國文明，如何用生動、簡練的語言和形象、直觀的表達，揭示中國道路、理論、制度的內涵，剖析中國特色，詮釋中國歷史傳統、文化積澱、基本國情的關係，進而讓國際社會理解、認同中國，是中國話語權建構的重要內容和重要任務。

中國特色社會主義發展至今，既面臨其他國家社會轉型中出現的共性問題，又面臨由基本國情和主要矛盾引發的特殊挑戰，機遇與挑戰並存、動力與壓力同在。中國共產黨提出「四個自信」表明，中國共產黨將以積極的態度、達觀的精神面對困難，化解發展中出現的各種問題，不忘初心，朝著既定的目標、方向奮力前行。這種對中國特色社會主義滿懷信心的精神狀態，正是中國話語權建構所需要的心理基礎——有了「四個自信」，也就具備中國話語權建構的底氣和膽識。從政治基礎的角度來說，「四個自信」既是一種政治宣言，也是一種政治承諾，表明了中國共產黨道路選擇、理論創新、制度建構、文化超越的堅定性，表達了中國共產黨以中國特色社會主義理論為指南，以中國特色社會主義制度為保障，把握中國特色社會主義的文化本質，沿著中國特色社會主義道路推進改革開放、推動經濟社會發展的決心和意志。它回答了中國今後舉什麼旗、走什麼路的問題，為中國話語權的建構提供了基本的政治準繩。「四個自信」意味著中國話語權的核心是中國特色社會主義道路、理論、制度的意義解釋權、文化表達權和譜系繼承權，是「中國故事」的書寫權與「中國聲音」的定調權。從實踐基礎的角度來說，「四個自信」是全面深化改革的政治動員，能煥發人民群眾精神，激發人民群眾投身中國特色社會主義建設事業的積極性、主動性與創造性，有利於凝心聚力，集中全國

人民的智慧和力量，推進中國特色社會主義事業的發展，進一步提升中國的綜合國力與國際競爭力。如此，「四個自信」能為中國話語權的建構奠定實踐基礎、提供實力支撐。同時，中國特色社會主義實踐的拓展，將為中國話語權的建構積累更為經典的素材和更為鮮活的案例，使中國話語權建立在豐富實踐智慧、實踐經驗的基礎之上。綜上，在「四個自信」的基礎上建構中國話語權，提升中國話語的感染力、影響力，彰顯中國話語的魅力、解釋力，既是實現中華民族偉大復興的重要內容，也是實現中華民族偉大復興不可缺少的文化條件。

（三）談論自信是中國文明崛起的應有之義

中國如今的崛起，主要表現在經濟、軍事等硬實力的崛起。而中國文明的崛起則具有更深厚、更廣泛的內涵，還包括精神、文化等軟實力的崛起。即塑造一整套價值觀，將豐富的物質文明成果轉化為精神成果，並形成強有力的制度保障。中國的改革不是一個單純的經濟改革，而是一個全面而深化的改革。所謂「全面」，就意味著中國的改革本質上是一次全面的社會轉型，而這次社會轉型從中國的近代歷史就開始了。任何一個國家、任何一個社會的深層轉型都不是單純物質方面的轉型，而是一個文明模式的轉換。而文明模式轉換的起步往往都是物質條件，通過改變物質生產方式和物質生活方式來轉換。隨著經濟的發展和生活的改變，人們就開始要求對社會發展的成果予以保障，並且這個保障能對未來予以指導，這就衍生出了制度條件。這種制度不是過去的傳統制度，而是在物質生活已經被改變、經濟已經走向現代化基礎上的制度，也就是現代化制度。現代化制度的設定、

建立與完善就引出了精神文化條件。而精神文化條件就是文明崛起的最後一步，但是這些步驟不完全是階段性的，它們是相輔相成，同時進行並有所側重的，是「兩點論」和「重點論」的統一。因此，進行軟實力的建設，實現中華文明的崛起的一個關鍵點就是在看到物質成果和問題的同時，要充滿自信地去建立、完善和發展集道路、理論、制度和文化於一體的中國特色社會主義制度，去推進中國精神的崛起。可以說，「四個自信」的確立與文明模式的轉換和中國文明的崛起是有著內在聯繫的。

關於中國精神，歷來論述頗多。有學者把中國精神的歷史內涵概括如下：天人合一的宇宙精神、仁者愛人的道德精神、自強不息的奮鬥精神、萬眾一心的團結精神和開創博納的創新精神。[1] 這種總結，無疑在多個方面展示了中國精神的歷史內涵和深厚的文化底蘊。然而，自近代始，西方文化的入侵，造成中華民族的優越感和精神氣質蕩然無存，甚至波及到當代一些人的文化心理。何以產生這樣巨大的差異？史學家給出的答案令人深思，西方在器物層次比中國強；在文明層次上，屬於海洋文明，更是近代的文明的發源地，比中國農業文明要高級，於是引發了史無前例的文明危機。這種危機是深層次的，它是兩大軸心文明之間的碰撞，對先前的中國人而言，由於器不如人，從而在精神氣質上也失去了往日的優越感，變得迷茫和困惑。一代代人的努力探索，從學習西方器物，到學習制度，再到馬克思主義在中國的確立，近百年來，中國共產黨作為傳承中國精神的「火炬手」，從黨

---

1 李明泉，向容，肖雲：〈中國精神：歷史內涵與主體性建構〉，《歷史研究》2013年第 3 期。

的誕生所體現出來的紅船精神到井岡山精神、長征精神、延安精神、西柏坡精神，再到新中國成立後的焦裕祿精神、雷鋒精神、「鐵人」精神、紅旗渠精神和「兩彈一星」精神，改革開放以來又形成了改革創新精神、航天精神、抗震救災精神等，這些精神文化一脈相承，穿越時空，構成了中國現當代精神集群。中國精神的內涵在中國特色社會主義的實踐中日漸豐富。中國精神成為了黨和人民艱辛探索實現民族復興正確道路的驅動力，貫穿在中國道路的基本路線、基本綱領、基本要求、總體佈局之中。中國精神是維繫民族團結的文化紐帶，中國精神是催人奮進的思想力量，中國精神是貫通中國力量的軟實力。奔向中國夢的偉大征程，離不開中國精神的激勵。「四個自信」是建立在中國精神基礎上提出來的理論創新，是一種精神自信，是中國精神的應有之義。

中國精神與中國文明不可分割，是中國文明重要的組成部分。中國文明的崛起，除了經濟因素之外，背後還有更為深刻的文化與精神因素。我們首先要探索中國文化之根與精神淵源，即是要明白我們從何而來，回溯中華民族之源頭、命脈及其傳承，中國模式與中國文明的研究或正如宋代哲人張載所說的：為天地立心，為生民立命，為往聖繼絕學，為萬世開太平。中國文明之所以能夠與世界其它文明古國相繼生髮，並且在漫長的歲月裡超穩定地發展，成為古老文明的不朽瑰寶之一，其中強大的決定因素在於中國文化本身。這就是以儒學為核心，融合了道家與佛學以及其它諸子百家的中國思想與中國智慧：儒家講仁義與禮制、道家追求自然與無為，禪宗崇尚頓悟與超越，這一切表明：中國文明其實是一種中道、中和的文明，與人類其它文明相比較，和的智慧是一種寶貴的精神資源：無論是人與自然、人與人，

還是人與自身、人與世界，「和實生物、同則不繼」。中國和的思想與智慧，對於人類文明的垂之久遠，曾經並還將起到一種極為重要的作用。因為中國文明絕非憑空產生，它是從一種巨大的文明規模中——以一個適合農耕的巨大陸地板塊和悠久的歷史連續性為前提條件開出來的。所以著名歷史學家湯因比認為，就中國人來說，幾千年來，比世界任何民族都成功地把幾億民眾，從政治文化上團結起來。他們顯示出這種在政治、文化上統一的本領，具有無與倫比的成功經驗。這樣的統一正是今天世界的絕對要求。中國人和東亞各民族合作，在被人們認為是不可缺少和不可避免的人類統一的過程中，可能要發揮主導作用，其理由就在這裡。但是由於種種歷史原因儒家傳統曾一度成了博物館的陳列品，如今她提出了「重新估計一切價值，再造文明」如此宏大的時代課題，將馬克思主義引進到中國，創造性地與中國文化與革命和社會主義建設相結合，促使中國文化與文明的轉型，使中國重新昂首走在了世界的前列。因此，中國崛起的背後絕不僅僅是簡單的中國古老傳統文明的復興，而是融攝了現代人類諸多文明優秀成果的結果，其中更有馬克思的偉大理想。而這就是中國模式背後的「中國現代文明」。中國文明的本性決定了中國的崛起不會走西方資本主義崛起時的軍事擴張老路，中國從來沒有做過統一世界的夢，中國的發展模式與道路之所以是和平的發展，乃是由其文化、文明的本性與特性所決定的。不論從歷史，現在，還是未來來看，中國文明有著深厚的和平主義品性，它以一種獨特的自信昭示著深厚的文明能量。所以，自信是中國文明崛起的應有之義。「四個自信」無疑是中國文明最新的精神成果，它能使中國特色社會主義這條道路在未來走得更平坦、更和諧、更順利。

（四）自信不足危害甚大

　　進入 21 世紀以來，時代變化和中國發展的廣度和深度已經遠遠超出了馬克思主義經典作家當時的想像。就中國自身的國際影響力和國際地位來看，三十多年的改革開放和現代化建設，使中國的綜合國力大幅增強。目前，中國的 GDP 總量位於世界第二，政治、軍事和其他各方面的實力也位居世界前列。2008 年以後，儘管國際金融危機使我國發展遭遇嚴重困難，但通過全國上下的共同努力，中國還是在全球率先實現經濟企穩回暖，相對實力不降反升。可以說，多年來中國所積累的綜合國力是實現中國夢的最大機遇，財大才能氣粗，手中有糧心中不慌，強大的國力是中國應對各種危機和災難的最好底氣，是進行中國特色社會主義最為有力的支撐。以強大的國力為基礎，中國的國際競爭力和國際影響力正在不斷邁上新臺階，國際地位顯著提高。加上中國原有的政治影響力，目前，中國在國際社會的話語權前所未有地提高，外交發展空間和迴旋餘地很大，成為眾多國際紛爭與合作的重要調停者、組織者、參與方和倚重對象。但我們還要看到，中國的綜合國力內部結構存在不平衡。目前，我國的經濟實力位居世界第二，但政治實力、文化實力、軍事實力尚難達到世界第二的水準，相對於經濟實力來說，仍然顯得較為薄弱，其中文化實力尤其薄弱。經濟實力內部結構和外部關聯性也存在不平衡的狀態。從經濟產業的內部結構來看，中國有「世界工廠」之稱，「中國製造」實力雄厚，但「中國製造」在高端製造業、高科技產業、金融服務業等領域實力較弱。與此同時，我國當前改革發展正進入攻堅階段，各種矛盾和問題日益凸顯，如貧富懸殊問題、腐敗問題、道德滑坡、公平法治亟待解

決，廣大人民群眾的思想觀念還不能與時俱進，改革共識尚未完全達成。這些問題的解決不但需要我們在實踐中大膽探索，在理論上不斷突破，而且還需要在廣大人民群眾中形成共識、凝心聚力，尤其在精神方面實現新的充實和高瞻遠矚，通過面向並指向未來的「推動形成人類命運共同體」理念把當代西方文化霸權的現實性和不合理性都視為「當下的東西」而收攝並涵化在中華民族和我們黨精神建設的視野和把握之中，從而牢牢佔據推動人類社會進步、實現人類美好理想的道義制高點。不談自信，無以達成共識，無以形成精神力量，來面對來自國內的這些問題。

從國際環境來看，世界總體和平的局面短期內不會改變，這對中國進行中國特色社會主義建設來說是好的，但與總體和平相伴隨的是，多年來，世界仍然很不安寧。正如十九大報告指出的那樣，世界面臨的不確定性突出，世界經濟增長動能不足，貧富分化日益嚴重，地區熱點問題此起彼伏，恐怖主義、網絡安全、重大傳染性疾病、氣候變化等非傳統安全威脅持續蔓延，人類面臨許多共同挑戰。以上問題都將對新時代中國特色社會主義的建設構成重大挑戰。與此同時，「台獨」「疆獨」「藏獨」及其他分裂活動有可能與會境外勢力相勾結或利用境外作為陣地，接受境外各種形式的資助，對國家統一和安全構成重大國際挑戰，同樣，在反分裂、維護台海和平、維持香港、澳門長期繁榮穩定以及維持國內經濟政治社會穩定大局等方面；在遏制反華勢力軍事圍堵、政治圍攻，應對可能危害中國國家安全的傳統安全國際挑戰（例如核擴散、戰略導彈等軍事安全）與非傳統安全威脅（如突發自然災害、國際局勢動盪、恐怖主義、海盜等）等問題上，中國同樣面臨著嚴峻的國際挑戰。對以美國為首的西方大國對中國一

貫採取的兩面政策，我們更應有清醒的認識。一方面，美國等不得不採取倚重、合作、接觸的態度與中國發展關係。但美國對中國防範、猜疑、遏制的一面同樣表現得非常充分，甚至更加明顯、長久和突出，五年來，美國通過所謂的「巧實力」戰略，將調整軍事部署和實施外交角力兩手相結合，明裡暗裡挑動東亞和東南亞國家在強化領土爭議、詆毀中國形象等方面不斷對中國發起攻擊。周邊國家也隨著美國的指揮棒跳舞，中國的周邊環境並不太平、和諧。中國與主要大國之間這種深刻複雜而帶有雙面性的既合作又競爭的雙邊關係將會成為中國特色社會主義建設路上的重要變數。由於長期以來受到「歐洲中心論」和資本主義、社會主義兩大制度對立等傳統思維的影響，西方一直對中國的政治制度、國家發展方式、意識形態和價值觀等存有疑慮，甚至出現中國實力越發展，對外越開放，對世界貢獻越大，這些國家就越疑慮，對中國的心態就越複雜。而部分東南亞及周邊國家來說，由於大國博弈、歷史記憶、地緣政治因素等具體時空要素的共同作用，對於中國的認知也是複雜而分裂的。國際社會對中國的種種錯誤認知、疑慮和有意的抹黑其形成原因錯綜複雜，既有客觀因素，也有主觀因素，既與大國權力鬥爭、雙邊互動、戰略謀略密切相關，也受到制度差異、文化差異、意識形態差異的重要影響。

客觀地說，上述問題的出現有中國自己的原因，也有國際方面的原因，但中國如果要繼續推進中國特色社會主義建設，實現國家富強、民族振興、人民幸福的中國夢，就無法回避這些雜音、噪音。一方面，中國共產黨秉持「改革沒有完成時」的理念一直在穩步推進改革進程，協調各方面利益，為人民群眾創造福祉；另一方面，中國共產黨也在利用各種外事活動契機加強中國的對外形象推廣與宣傳，消

除世界對中國的疑慮。但中國改革進程中的問題和中國形象卻仍然遭到某些國際敵對勢力的詆毀和歪曲，也仍有一些國際人士對中國特色社會主義建設能夠走多遠，中國夢如何實現持懷疑和觀望態度，由此可見，不談自信，將無力抵擋西方國家對中國繼續進行的和平演變圖謀，無力抵擋世界對中國的猜疑和防範，不談自信，會導致廣大人民群眾缺乏投身中國特色社會主義建設的意願和激情，導致廣大黨員幹部日漸喪失理想和信念，不談自信，中國共產黨將缺乏執政之基，缺乏立黨之本，總而言之，不談自信對中國特色社會主義事業來說危害甚大。習近平總書記明確指出：「當今世界，要說哪個政黨、哪個國家、哪個民族能夠自信的話，那中國共產黨、中華人民共和國、中華民族是最有理由自信的。」「四個自信」的提出也是對習近平總書記這句話的回應，這表明我們確立中國特色社會主義這一高遠而務實的理想，堅持問題導向，堅持以我們正在做的事情為中心，聆聽時代聲音，把握世界潮流，堅定地追求中華民族偉大復興中國夢的理想，始終不渝地推動形成人類命運共同體和利益共同體，不僅將全面展現出中國特色社會主義事業的永恆魅力，而且也必將成就中國特色社會主義更為美好、更為廣闊的進步前景。

第二章

中國共產黨最有理由自信——道路自信

習近平總書記在慶祝中國共產黨成立95周年大會上指出:「我們黨已經走過了95年的歷程,……面向未來,面對挑戰,全黨同志一定要不忘初心、繼續前進。堅持不忘初心、繼續前進,就要堅持中國特色社會主義道路自信、理論自信、制度自信、文化自信,堅持黨的基本路線不動搖,不斷把中國特色社會主義偉大事業推向前進。」[1]「當今世界,要說哪個政黨、哪個國家、哪個民族能夠自信的話,那中國共產黨、中華人民共和國、中華民族是最有理由自信的。有了『自信人生二百年,會當水擊三千里』的勇氣,我們就能毫無畏懼面對一切困難和挑戰,就能堅定不移開闢新天地、創造新奇跡。」[2]回首過去,展望未來,「四個自信」深刻道出了中國共產黨值得自信的四個根本理由,同時也指出了未來的奮鬥歷程中,全體中國共產黨人應該有的精神狀態。

1〈習近平:在慶祝中國共產黨成立95周年大會上的講話〉,新華網2016年07月01日,網址:http://news.xinhuanet.com/politics/2016-07/01/c_1119150660.htm

2〈習近平:在慶祝中國共產黨成立95周年大會上的講話〉,新華網2016年07月01日,網址:http://news.xinhuanet.com/politics/2016-07/01/c_1119150660.htm

　　說到「道路自信」，應該先明確是對哪條道路要自信。
我們要自信的是中國特色社會主義道路，這條道路的名字
我們常掛在嘴邊，但恐怕並不是所有人都深思過它的涵
義、回顧過它的歷史、理解過它的當代意義。首先，中國
特色社會主義道路本質上是一條社會主義的道路，與資本
主義或其它主義的道路有本質區別，又與其它社會主義道
路具有共同特徵；其次，「中國特色」是道路特殊性的體現，
說明這是一條具有中國自己的特色的社會主義道路，也就
是說，是與其它社會主義道路有區別的社會主義道路；最
後，可以明確這條道路所具有的共性和個性特徵，共性在
於是社會主義道路；個性在於獨具中國特色。在學術界，
關於中國道路這個概念，進行了廣義與狹義的區分。廣義
的中國道路，包括新民主主義革命道路、社會主義革命即
社會主義改造道路、實行社會主義市場經濟和改革開放的
中國特色社會主義道路；狹義的中國道路，特指中國實行
改革開放之後所走的道路，即中國特色社會主義道路。習
近平同志指出：隨著中國特色社會主義的不斷發展，我們
的制度必將越來越成熟，我國社會主義制度的優越性必將
進一步顯現，我們的道路必將越走越寬廣，我國發展道路
對世界的影響必將越來越大。為什麼我們要對這條道路如
此確定、如此自信、如此堅定不移？為什麼我們選擇了這
條道路？這條道路的優越性和先進性究竟體現在何處？

一、從黨史看自信

——回顧中國共產黨帶領人民風雨兼程近百年的心路歷程

　　中國共產黨近百年的發展歷程實質上就是團結帶領全國各族人民探索民族復興之路的歷史進程。回顧近代中國走過的道路就能明白，中國的農民階級和資產階級都嘗試過起義、改良和革命，但是都相繼失敗，冷酷的現實證明了他們都沒有能力承擔起領導中國革命的責任，無法帶領中國人民完成反帝反封建的民主革命任務。

　　中國共產黨成立於中華民族內憂外患、社會危機空前深重之際，看似是偶然事件，但實則是中國人民在救亡圖存鬥爭中頑強求索的必然產物。正是面對西方列強的入侵和人民群眾悲慘的生活境況，一批有理想、有抱負、有追求、有擔當的中國先進知識份子，創立了中國共產黨，並毅然擔負起了實現民族解放、人民幸福的歷史使命。中國共產黨在不斷的挫折與鬥爭中成長起來，在不斷地抉擇與摸索中成熟起來，在長時間的鬥爭中逐漸學會把科學先進的革命思想與複雜多變的中國現實結合起來，從而尋得一條適合中國自己的革命、建設和改革的道路。這條道路來之不易，通過回顧中國共產黨的艱辛發展歷程，更能夠洞察和體會到黨帶領人民風雨兼程近百年的心路歷程。

（一）充滿艱辛的革命之路

　　建黨初期，源於對這片大地和勞動人民的熱愛、對挽救和改造國

家的決心和對馬列主義的信仰，中國共產黨對未來的前途充滿了希望和自信。一方面，俄國十月革命的勝利，讓中國共產黨人看到了新的希望──一條與資產階級革命道路不同的無產階級革命道路；另一方面，歸功於新的主義在這批先進知識份子心中的生根發芽，建黨之前馬克思列寧主義的傳入和廣泛傳播，起到了思想引領的作用。

　　幼年時期的中國共產黨是中國革命的新鮮血液，在領導工人運動方面取得了多個勝利。從 1922 年 1 月的香港海員罷工，到 9 月的安源路礦工人罷工、10 月的開灤煤礦工人罷工、1923 年 2 月的京漢鐵路工人罷工，中國共產黨成功地掀起了中國工人運動的第一個高潮。成功地組織工人運動，是中國共產黨人在按照馬克思列寧主義的工運思想開展的第一次社會實踐。正是通過組織工人運動，展現了中國工人階級堅定的革命性和堅強的戰鬥力。同時，使工人階級逐漸具有了先進思想的普及和階級意識的覺悟，明白了中國共產黨是真心維護工人階級利益的一個政黨，也使中國共產黨作為工人階級的先鋒隊在全國範圍內擴大了自身的政治影響。孫中山正是從這些工人運動中，認識到中國共產黨所獨具的生機勃勃的革命力量，認識到這股力量是革命年代急缺的一股清流。順理成章的國共合作，是中國共產黨建立統一戰線的重要成果。國共合作有利於國共兩黨雙方的發展，一方面推動已經嚴重脫離群眾的國民黨進行革新，使在國民黨影響下的資產階級和小資產階級群眾投入革命隊伍，另一方面使共產黨從相對狹小的圈子走向了更為廣闊的革命鬥爭中接受鍛煉。

　　1925 年，中國共產黨領導了五卅運動，黨員發展到 1 萬人，迅速發展壯大了革命隊伍；在國共兩黨合作的基礎上進行了廣東戰爭，統一了廣東革命根據地。在革命形勢正在向好發展之時，國民黨內的右

派卻在北伐戰爭前夕加大了限共反共活動，視共產黨為眼中釘，先後製造了戴季陶主義、國民黨二大限制中共席位事件、中山艦事件和《整理黨務決議案》。仍處幼年時期的中國共產黨缺乏鬥爭經驗，加上當時共產國際擔心合作基礎的破壞，中國共產黨採取了連續的妥協退讓政策，使蔣介石逐漸大權獨攬，為日後其發動反共政變埋下了隱患。

1926～1927年北伐戰爭的勝利，是國共兩黨合作的成果。北伐戰爭使軍閥統治被逐個推翻、工農運動迅速興起。這一時期，由於北伐勝利進軍和工農運動高漲，黨的隊伍迅速壯大，黨員達到57967人，黨在自身建設方面也步入了起步階段。與此同時，隨著北伐戰爭的勝利，羽翼豐滿的蔣介石認為共產黨領導的工農力量和蘇聯援助已經沒有利用價值，蔣介石與帝國主義勢力相勾連，開始了公開的反共活動。此時的中國共產黨仍然由於鬥爭經驗不夠，加上共產國際仍對蔣介石抱有期望，犯了同國民黨右派妥協的右傾機會主義錯誤，造成了極其嚴重的消極後果。1927年蔣介石發動四一二反革命政變，殺害革命人士近3萬人，其中，中國共產黨主要創始人之一李大釗在北京英勇就義，大革命遭受嚴重挫折。蔣介石的這一做法導致國共合作全面破裂，由國共兩黨合作發動的大革命宣告失敗。

大革命失敗後，國民黨反動統治大肆殺害共產黨人和革命群眾，從1927年3月到1928年上半年，被殺害的共產黨員和革命群眾達31萬多人，其中共產黨員2.6萬多人。黨員數量由黨的五大召開時的近5.8萬人急劇減少到1萬多人。這次失敗和挫折是中國共產黨建黨以來的第一次重大歷史挫折，面對險惡的革命環境，為了挽救革命，為了心中的信仰，中國共產黨人不放棄、不氣餒，毅然決定發動南昌起義，在黑暗中重新燃起革命火炬。

　　隨後召開八七會議，確定了實行土地革命和武裝起義的方針，開始了由大革命失敗到土地革命戰爭興起的歷史性轉變。毛澤東在湘贛邊界領導發動了秋收起義，從進攻大城市的目標轉到向農村進軍，進行三灣改編，把黨的支部建在連上，從組織上確立了黨對軍隊的領導，創造性地打造了一支無產階級領導的新型人民軍隊，創建了井岡山革命根據地。經過南昌起義、秋收起義、廣州起義，黨進入了創建紅軍的新時期。中國共產黨在這第一次大落大起中從正反兩方面積累了深刻的經驗教訓，開始在實踐中探索馬克思主義中國化的途徑，初步提出了無產階級領導的、人民大眾的、反帝反封建的新民主主義革命的基本思想，開始懂得進行土地革命和掌握革命武裝的重要性。

　　經過井岡山時期的發展，中國共產黨人沿著一條獨特的道路，即農村包圍城市、武裝奪取政權的道路，引導中國革命走向復興並逐步贏得勝利。這條道路是在大革命失敗、敵我力量對比極端懸殊的情況下，中國共產黨人遵循馬克思列寧主義與中國實際相結合的原則，依靠實踐經驗的積累，不斷總結經驗教訓而探索出的一條區別於俄國十月革命的中國革命新道路。正是由於這條新道路具有與實際情況相適宜的特點，土地革命使農民翻身、革命熱情高漲，積極熱情地參與到革命建設中，革命根據地建設如火如荼，紅軍隊伍不斷發展壯大，成功地粉碎了國民黨軍隊的四次「圍剿」。但是，在王明「左」傾教條主義、博古冒險主義和關門主義錯誤統治下，中國共產黨又一次歷經坎坷，在國軍第五次「圍剿」中，紅軍遭受巨大損失，導致了除陝甘以外各主要根據地的丟失和在國統區共產黨組織的嚴重破壞。這一失敗，成為中國共產黨經歷的第二次重大歷史挫折，並直接導致中國共產黨不得不進行長征。

在長征過程中，遵義會議的勝利召開實現了偉大的歷史轉折。確立了以毛澤東同志為主要代表的馬克思主義正確路線在中共中央的領導地位，中國共產黨選擇了一條適合自己的、適合中國實際情況的革命道路和革命指導思想。中國共產黨作為一個嚴肅的、對人民負責的馬克思主義政黨，敢於正視自己的錯誤，善於從錯誤中吸取教訓。那些在革命實踐中被證明了的、水土不服的、由共產國際遠端指導的革命策略，被在實踐中檢驗是正確思想和策略所代替。經過艱辛的萬里長征之後，紅軍成功在陝北會師，建立陝甘寧根據地，為抗日戰爭和中國革命保存了有生力量。在不斷的重大挫折和敵人不斷的圍追堵截面前，中國共產黨人沒有氣餒，反而越挫越勇，堅持走符合中國實際的道路，努力扭轉把共產國際決議和蘇聯經驗神聖化的錯誤傾向，努力祛除對馬克思主義的教條化理解，使馬克思列寧主義的基本原理同中國革命的具體實踐正確地結合起來。

中國人民抗日戰爭的勝利，是中華民族走向復興的歷史轉捩點，是全國各族人民經過極其艱苦的鬥爭，付出了極大的代價取得的。在抗日戰爭中，中國共產黨積極主導建立抗日民族統一戰線，是中國共產黨積極抗日救亡的重要舉措。中國共產黨領導的八路軍、新四軍、東北抗日聯軍與廣大人民群眾一起，與日本侵略者展開了頑強的鬥爭，有效地配合了國民黨軍隊正面戰場的戰鬥。在抗日戰爭中，中國共產黨的積極抗戰激發起了中國人民的巨大民族覺醒、空前民族團結和英勇民族抗爭，成為抗日戰爭勝利的決定性因素。中國共產黨以自己的政治主張、堅定意志和模範行動，在全民族抗戰中發揮了中流砥柱的作用。正是在抗日戰爭中，越來越多的人民群眾瞭解和認識了中國共產黨。中國共產黨在積極抗日的同時，加強抗日根據地各方面建

設，經過延安整風，全黨在組織上達到了空前的團結和統一。

在解放戰爭中，中國共產黨粉碎了國民黨軍隊的全面進攻和重點進攻，經過三大戰役的勝利和人民民主統一戰線的加強，在軍事上和政治上得到了全面的勝利，奠定了新民主主義革命勝利和新中國成立的基礎。中國的反帝反封建革命，先後經歷了資產階級及其政黨領導的舊民主主義革命和無產階級及其政黨領導的新民主主義革命兩個階段。近代中國的歷史表明，沒有無產階級及其政黨──中國共產黨的堅強領導，中國人民革命的勝利是不可能的。這是歷史的選擇，同時也是人民的選擇。中國共產黨能夠帶領中國人民取得革命的勝利，主要在於找到了適合本國國情的革命道路，同時，與國際無產階級和人民群眾的支持是分不開的。

現如今有人質疑，是不是可以不經過革命，就能實現中國的民族獨立、人民解放和國家富強，從而完成近代中國面臨的歷史任務呢？答案必然是否定的。因為，阻礙近代中國進步的，並不是當時社會制度的某個局部或某些方面，而是半殖民地半封建社會的根本制度本身。所以，走改良主義的道路是解決不了中國的問題的。要實行改良，就需要統治階級的讓步，舊中國的統治勢力，無論是清王朝、北洋政府還是國民黨政府，要麼是以本國封建勢力作為社會支柱，要麼是以外國帝國主義作為靠山；要麼代表封建階級的利益，要麼代表大地主買辦資本的利益。他們不可能、也沒有能力去廢除帝國主義在中國享有的特權，也不願意動自己的乳酪、動自己的利益，不可能解除封建主義對於中國人民尤其是廣大農民的束縛，他們也絕不會對用和平方式走改良主義道路的要求做出讓步。所以，革命是中國的必由之路，而且只有中國共產黨代表的無產階級才能帶領中國革命取得勝利。所

以對於中國道路的自信，要在真實發生的歷史中尋求，要在人民真實的、自願的選擇中尋找，由不得各種假設和推斷來蠱惑。

（二）重重考驗的建設之路

新中國成立後，中國共產黨繼續堅持把馬克思列寧主義的基本原理和中國的具體實際結合起來，在借鑒蘇聯模式的基礎上，不斷探索適合自己的建設發展道路。新中國的建設道路，是一條充滿了重重考驗的建設之路。新中國成立初期，中國共產黨和中國人民面臨著嚴峻的考驗，可謂充滿了內憂外患，許多的困難亟待解決。軍事上，人民解放戰爭還沒結束，國民黨大批殘餘力量在新解放地區和未解放地區負隅頑抗；經濟上，國民黨統治下長期的惡性通貨膨脹，造成了物價飛漲、投機猖獗、市場混亂，長年戰亂留下了一個千瘡百孔的爛攤子；國際環境方面，受到以美國為首的帝國主義國家的政治孤立和經濟封鎖；共產黨自身隊伍方面，面臨著如何在全國執政的新考驗，全黨既要排除萬難，向一切內行的人們學習經濟建設和治理國家的全新本領，又要不為剝削階級腐朽思想和生活方式所腐蝕。

中國共產黨人在經濟上通過「銀元之戰」和「米棉之戰」打擊不法投機資本，穩定了物價、統一了財經；通過沒收官僚資本，建立國營經濟，改善工人生活，恢復和發展了生產。向世界證明，共產黨不僅在軍事上、政治上是堅強有力的，在經濟上也是完全有辦法的。在這一時期，黨的「不要四面出擊」的方針，體現了黨歷來「打擊主要敵人，爭取最大多數同盟者」的策略，是黨在執政之初的一個重要戰略思想，慎重緩進，穩步恢復國民經濟。通過合理調整工商業，調整

稅收，改善同民族資產階級的關係。

正當全國人民集中力量爭取財政經濟狀況基本好轉的時候，新中國又受到外國侵略的嚴重威脅。朝鮮戰爭爆發，美國海軍第七艦隊侵入臺灣海峽，阻撓中國的統一大業；美軍越過三八線，直逼中朝邊境，威脅新中國的國家安全。同時，在戰況陡轉危急的情勢下，朝鮮勞動黨和政府兩次請求中國能夠出兵支援。對於成立僅一年、百廢待興的新中國來說，敢不敢迎戰世界上經濟實力最雄厚、軍事力量最強大的美帝國主義，是一個嚴峻的考驗。朝鮮戰爭爆發後，臺灣被美國控制，如果整個朝鮮也被它佔領，中國就會處於美國勢力南北夾擊的態勢下，而它隨時可以找到藉口對中國進犯，中國的國家安全從根本上就失去了保障。經過反覆權衡利弊，黨中央作出抗美援朝保家衛國的決策，組建了中國人民志願軍入朝作戰。歷時兩年零九個月的抗美援朝戰爭中，中國人民志願軍共斃、傷、俘敵 71 萬餘人。戰爭以美國侵略者被從鴨綠江邊打回到三八線而告終，這一勝利極大地增強了中國人民的民族自信心和自豪感。中國的國際地位空前提高，我國東北大工業基地的邊防得到鞏固，國家經濟建設和社會改革獲得了相對穩定的和平環境，帝國主義從此不敢輕易地欺侮和侵犯中國。

從 1949 年 10 月到 1952 年底，經過中國共產黨帶領全國人民三年多的艱苦奮鬥，解放前遭到嚴重破壞的國民經濟得到了全面恢復，並有了初步發展。三年來，通過水利建設，促進了農業生產的迅速恢復和發展；東北工業基地率先恢復，並支援上海、天津等沿海工業的恢復；交通運輸業全面恢復，建成康藏、青藏公路。工業生產力在國民經濟中的地位得到加強，在工農業總產值中，現代工業的比重由 17%上升到 27.7%，較好地完成了《共同綱領》所規定的「以有計劃有步

驟地恢復和發展重工業為重點」「以創立國家工業化的基礎」的任務，為把一個落後的農業國變為先進的工業國走出了重要的第一步。逐步建立完備的重工業體系是新中國成立後最重要的國家建設成果，對於後來的現代化國家的建設，以及軍事國防等建設具有重要的意義。直到今天，全世界擁有完備的重工業體系的國家也不多，輕工業好建、重工業難建，只有有了重工業，我們才不怕外國的侵擾和封鎖，自力更生的能力才更強，軍事國防建設才有依託，國家安全才有保障。

至 1956 年底，我國基本上完成了對生產資料私有制的社會主義改造，初步建立起公有制占絕對優勢的社會主義制度。在過渡時期中，黨創造性地開闢了一條適合中國特點的社會主義改造的道路。社會主義改造完成後，我國仿照蘇聯建立起了高度集中的計劃經濟體制，是有歷史合理性和必然性的。從根本上說，由於當時歷史條件下黨對社會主義的認識和蘇聯模式的影響，認為實現社會主義的正確道路就是「由目前複雜的經濟結構的社會過渡到單一的社會主義經濟結構的社會」；認為在整個社會實行集中統一的計劃經濟，是社會主義區別於資本主義的根本屬性和特徵。畢竟在那個時代，到底什麼是社會主義、應該如何建設社會主義，是沒有現成的答案和標準答案的，只有蘇聯擁有成功建設社會主義國家的先例，中國共產黨沒有其它的社會主義建設成功範例可以學習，加上蘇聯模式在一定程度上的確具有先進性，與中國相比，蘇聯在工業、經濟、國防建設等方面確實比中國先進很多，又同屬社會主義陣營，我們無法避免的是要向蘇聯老大哥學習經驗的。

探索在中國如何建設社會主義，是一個十分艱難的過程，需要經

歷複雜的考驗。當時面臨的主要是兩大問題：一個是社會主義條件下的階級鬥爭，一個是社會主義建設中的規模速度。在後來長達 20 年的時間裡，黨在這兩大問題上一再發生嚴重失誤。這兩方面的失誤又相互影響，愈演愈烈，使探索過程出現重大的曲折。從 1958 年發動「大躍進」、人民公社化運動以及反右擴大化開始，直到十年「文革」浩劫，形成了我國發展過程中最重大的失誤和曲折，國民經濟比例嚴重失調，農業生產遭到破壞，原本希望快一些讓人民群眾過上較好的日子，結果卻出現空前的災難。黨在探索中國社會主義建設道路過程中發生的嚴重失誤，是有多方面原因的。脫離實際、超越階段的主觀主義思想和做法，來源於把馬克思主義經典著作中的某些設想和論點加以片面理解或教條化的結果。黨對領導社會主義建設缺乏實踐經驗，一方面，依靠群眾大搞突擊運動的思維方式和工作方法，被認為是加快社會主義建設的重要法寶，過去的成功經驗在新的歷史條件下被教條化、絕對化；另一方面，黨在執政過程中，一遇到突發事件和思想認識上的分歧，時常會像戰爭年代那樣繃緊階級鬥爭這根弦，在觀察和處理社會主義社會出現的政治、經濟、文化等方面的新矛盾新問題時，容易把已經不屬於階級鬥爭的問題仍然看作是階級鬥爭，沿用過去熟悉而這時已不能照搬的進行群眾性鬥爭的舊方法和舊經驗，從而導致階級鬥爭的嚴重擴大化。

（三）波瀾壯闊的改革之路

黨的十一屆三中全會實現了偉大的歷史轉折，徹底扭轉了十年內亂造成的嚴重局面，使中國社會主義建設事業重新奮起。經過「真理

標準大討論」破除了對「兩個凡是」的迷信，把黨的思想路線重新確立為「實事求是」，全黨的工作重點和全國人民的注意力轉移到社會主義現代化建設上來。三中全會後，中國共產黨有步驟地端正指導思想，解決新中國成立以來許多歷史遺留問題和實際生活中出現的新問題，對在「文化大革命」中被嚴重破壞的各方面社會關係進行恢復和調整，有力促進了安定團結政治局面的形成。

　　黨的十一屆六中全會通過了《關於建國以來黨的若干歷史問題的決議》，從根本上否定了「文化大革命」和「無產階級專政下繼續革命」的錯誤理論，對一些重大歷史事件和重要歷史人物作出了實事求是的評價，科學總結了新中國成立以來社會主義革命和社會主義建設的歷史經驗。《決議》既對多年來的「左」傾錯誤和毛澤東晚年的錯誤作了科學分析和深刻批評，又堅決維護了黨在長期鬥爭中形成的優良傳統，維護了毛澤東的歷史地位和毛澤東思想的科學體系，從而分清了是非，糾正了當時存在的「左」的和右的錯誤觀點，統一了全黨全國人民的思想，為維護全黨的團結和全國人民的團結，為社會主義建設事業的健康發展，提供了根本保證。

　　黨的十二大明確提出建設有中國特色的社會主義的重大命題和「小康」戰略目標，改革開放由此全面展開，社會主義現代化建設出現新的局面。鄧小平在開幕詞中指出：「我們的現代化建設，必須從中國的實際出發。無論是革命還是建設，都要注意學習和借鑒外國經驗。但是，照抄照搬別國經驗、別國模式，從來不能得到成功。這方面我們有過不少教訓。把馬克思主義的普遍真理同我國的具體實際結合起來，走自己的道路，建設有中國特色的社會主義，這就是我們總結

長期歷史經驗得出的基本結論。」[1]黨的十二大以後，經濟體制改革全面展開。農村改革以穩定和完善家庭聯產承包責任制為主要任務，調動億萬農民的生產積極性，解放農村生產，使農業生產迅速扭轉了長期徘徊不前的局面；城市經濟體制改革由試點發展到全面鋪開；科學技術體制和教育體制改革等各方面改革的陸續展開和推進，僵化的高度集中的計劃經濟體制開始被衝破。

　　1987年黨的十三大第一次對社會主義初級階段的科學內涵作了系統闡述，包括兩層含義；一方面，我國社會已經是社會主義社會，必須堅持而不能離開社會主義；另一方面，我國的社會主義還處在初級階段。我們必須從這個實際出發，而不能超越這個階段。在近代中國的具體歷史條件下，如果認為中國可以不經過資本主義充分發展階段而走上社會主義道路，這就是革命發展問題上的機械論，是右傾錯誤的重要認識根源；如果認為不經過生產力的巨大發展就可以越過社會主義初級階段，這就是革命發展問題上的空想論，是「左」傾錯誤的重要認識根源。社會主義初級階段理論的提出，為正確理解新中國成立以來的成功和失誤提供了重要依據，為堅持改革開放、堅持和發展中國特色社會主義提供了有力的理論武器。黨的十三大正確提出了「三步走」的發展戰略，對中華民族百年圖強的宏偉目標作了積極而穩妥的規劃。

　　從黨的十二大到十三大五年間，我國經濟取得巨大成就，也存在許多問題和困難。從1984年下半年，我國經濟運行中出現了一系列不

1〈中國共產黨第十二次全國代表大會開幕詞〉1982年9月1日，《鄧小平文選》第3卷，
　人民出版社1993年版，第2-3頁。

穩定、不協調的問題，突出表現為通貨膨脹加劇，社會生產和消費總量不平衡，結構不合理，經濟秩序混亂，作為價格改革過渡措施的價格雙軌制的負面影響也逐步顯現出來。「軟著陸」和「價格闖關」的失敗，使中國共產黨人明白了改革必須是全面的配套改革。20世紀80年代末，蘇聯和東歐社會主義國家政局動盪不斷加劇；西方國家政要揚言資本主義對社會主義將「不戰而勝」；中國內部資產階級自由化思潮滋長蔓延；改革開放中積累的矛盾和問題突出顯現。國際大氣候與國內小氣候一起醞釀了一場大的政治風波。黨的十三屆四中全會分析了國內發生政治風波的性質及原因，初步總結了經驗教訓，強調要繼續堅決執行黨的十一屆三中全會以來的路線方針政策，繼續堅決執行黨的十三大確定的「一個中心、兩個基本點」的基本路線。黨對保持和發展同人民群眾血肉聯繫的極端重要性有了進一步的認識，對黨的思想戰線工作和新聞輿論戰線工作的重要性有了新的認識。

　　鄧小平1992年的南方談話，提出了「三個有利於」的標準，破除了計畫與市場的關係的思想束縛，明確了計畫和市場都是經濟手段，社會主義的本質是解放生產力，發展生產力，消滅剝削，消除兩極分化，最終達到共同富裕。」[1] 鄧小平的南方談話科學總結黨的十一屆三中全會以來的實踐探索和基本經驗，從理論上深刻回答了長期困擾和束縛人們思想的許多重大問題，是把改革開放和現代化建設推向新階段的又一個解放思想、實事求是的宣言書。實踐證明，作為毛澤東思想的繼承和發展的鄧小平理論，是指導中國人民在改革開放中勝利實

1　鄧小平：〈在武昌、深圳、珠海、上海等地的談話要點〉（1992年1月18日-2月21日），《鄧小平文選》第3卷，人民出版社1993年版，第373頁。

現社會主義現代化的正確理論。在當代中國，只有把馬克思主義同當代中國實踐和時代特徵結合起來的鄧小平理論，能夠解決社會主義在中國的前途和命運問題。

黨的十三屆四中全會以後中國特色社會主義全面推向 21 世紀。這一時期，在中國共產黨的堅強領導下，我國經濟發展實現「軟著陸」，以建立現代企業制度為方向的國有企業改革攻堅全面展開，成功加入世界貿易組織，實施科教興國戰略、可持續發展戰略、西部大開發戰略、對外開放「走出去」戰略，成功應對亞洲金融危機，成功收回香港和澳門主權，充分顯示了我國社會主義道路的正確性和制度的優越性，顯示了黨中央駕馭全域、解決複雜問題的能力，使黨和人民在推進改革開放和現代化建設、實現跨世紀發展奮鬥目標的道路上更加充滿信心。

黨的十六大以後，以胡錦濤同志為主要代表的中國共產黨人，堅持以鄧小平理論和「三個代表」重要思想為指導，深入貫徹落實科學發展觀，堅持以人為本，全面協調可持續發展，構建社會主義和諧社會，加快生態文明建設，形成中國特色社會主義事業總體佈局，推進黨的執政能力建設和先進性建設，成功地在新的歷史起點上堅持和發展了中國特色社會主義。黨中央通過推進重點領域、關鍵環節的改革和大力加強宏觀調控，防止了經濟的大起大落，經濟方針從「又快又好」調整為「又好又快」，體現了科學發展的本質要求。2003 年至2007 年，我國國內生產總值增速連續五年達到或超過 10%，我國經濟總量從世界第六位上升到第四位。在中國共產黨的堅強領導下，成功應對各種挑戰，化解了難事（抗擊「非典」、汶川特大地震、南方雨雪冰凍極端天氣、玉樹強烈地震、舟曲特大泥石流、拉薩嚴重打砸

搶燒暴力犯罪事件、烏魯木齊嚴重打砸搶燒事件）、辦好了喜事（第二十九屆夏季奧運會、上海世界博覽會），辦成了大事（「神舟五號」載人航天飛行、「神舟七號」宇航員太空漫步、「嫦娥一號、二號」探測器、三峽水利樞紐、青藏鐵路、南水北調），成功應對了由 2007 年開始的美國次貸危機到 2008 年演化成的全球性金融危機。[1]

二、從成就看自信
——回顧黨的十八大以來取得的偉大成就

　　黨的十八大以來的五年，是黨和國家發展進程中很不平凡的五年。五年來，以習近平同志為核心的黨中央科學地把握當今世界和當代中國的發展大勢，順應實踐的要求和人民的願望，推出一系列重大戰略舉措，出臺一系列重大方針政策，推進一系列重大工作，解決了許多長期想解決而沒有解決的難題，辦成了許多過去想辦而沒有辦成的大事。

　　黨的十八大報告對推進中國特色社會主義事業作出經濟建設、政治建設、文化建設、社會建設、生態文明建設的「五位一體」總體佈局。著眼於全面建成小康社會、實現社會主義現代化和中華民族偉大復興，以習近平同志為核心的黨中央，先後提出了治國理政新理念新思想新戰略的多個重要內容，包括全面建成小康社會、全面深化改革、

---

1 中共中央黨史研究室編著：《中國共產黨的九十年》，中共黨史出版社、黨建讀物出版社出版 2016 年版。

全面依法治國、全面從嚴治黨的「四個全面」戰略佈局，創新、協調、綠色、開放、共用的「五大發展理念」，全黨同志要增強政治意識、大局意識、核心意識、看齊意識的「四個意識」，堅持中國特色社會主義道路自信、理論自信、制度自信、文化自信的「四個自信」，進行偉大鬥爭、建設偉大工程、推進偉大事業、實現偉大夢想的「四個偉大」等。這些新理論新思想新戰略的提出，為「兩個一百年」奮鬥目標提供了路徑依據，起到了統一思想和引領思想的重要作用。

（一）十八大以來的偉大成就

黨的十八大以來，我國在各方面的發展成就十分顯著，達到了歷史上最接近中華民族偉大復興的歷史時期。通過回顧中國特色社會主義道路特別是黨的十八大以來取得的輝煌成就，有助於我們對於這條道路更加充滿自信。

1.經濟持續健康發展，綜合國力和國際影響力再上新臺階

近年來，在中國共產黨的領導下，我國經濟發展始終堅持穩中求進的工作總基調，在重要戰略機遇期把握機遇、大有作為。通過創新和改善宏觀調控手段，科學完成穩增長、促改革、調結構、惠民生、防風險的任務，戰勝了新的歷史時期諸多矛盾疊加、風險隱患交織的嚴峻挑戰。

一方面，穩增長；另一方面，保就業、穩物價。這五年來，我國經濟成功保持中高速增長態勢，2013 ～ 2016 年，國內生產總值年均增

長 7.2%，高於同期世界 2.5% 和發展中經濟體 4% 的平均增長水準，2016 年，國內生產總值達到 74 萬億元；就業形勢穩定，2013～2016 年，城鎮新增就業連續四年保持在 1300 萬人以上，31 個大城市城鎮調查失業率基本穩定在 5% 左右，農民工總量年均增長 1.8%；物價形勢穩定，2013～2016 年居民消費價格年均上漲 2.0%。總體來看，7.2% 的年均經濟增長速度、2% 的通脹率、5% 左右的調查失業率，這樣的經濟運行格局難能可貴，符合經濟發展的內在規律，在世界範圍內一枝獨秀。

伴隨著經濟的良好發展態勢，我國的國際影響力近年來顯著提升。如今，我國已經成為世界經濟增長的動力之源、穩定之錨，是世界經濟增長的發動機，為世界經濟艱難復蘇做出了重大貢獻。2016 年，我國國內生產總值折合 11.2 萬億美元，占世界經濟總量的 15% 左右，穩居世界第二位。2013～2016 年，我國對世界經濟增長的平均貢獻率達到 30% 以上，超過美國、歐元區和日本貢獻率的總和，居世界第一位。

2．創新驅動發展戰略使科技水準突飛猛進

近年來，隨著創新驅動發展戰略深入人心，我國各地區、各部門堅持走中國特色自主創新道路，使科技創新不斷取得重大突破。一批具有標誌性意義的重大科技成果湧現：載人航天、探月工程、量子通信、射電望遠鏡、載人深潛、超級電腦等實現重大突破，帶動了勞動生產率穩步提高。2016 年，全員勞動生產率（以 2015 年價格計算）達到 94825 元／人，比 2012 年提高 30.2%，年均提高 6.8%。隨著創

新驅動發展戰略的推廣，我國新產業、新業態、新模式層出不窮。「互聯網＋」行動計畫深入推進。網絡購物快速增長，帶動了快遞業務迅猛擴張。2015 ～ 2016 年，實物商品網上零售額年均增長 28.6%，比社會消費品零售總額快 18.1 個百分點。2016 年，快遞業務量 312.8 億件，比 2012 年增長 4.5 倍，年均增長 53.2%。

3. 基礎設施水準持續提高

五年來，我國各地區、各部門加大基礎產業投資力度和基礎設施建設力度。一批關係國計民生的重大工程建成投產，保民生、兜底線、補短板、增後勁的效應逐步顯現。其中，農業水利基礎進一步鞏固。2015 年，糧食總產量達到 62144 萬噸，實現了新中國成立以來首次「十二連增」，2016 年糧食產量為 61625 萬噸，連續 10 年穩定在 1 萬億斤以上。綜合運輸網絡建設加快推進，2012 ～ 2016 年，鐵路營業里程由 9.8 萬公里增加到 12.4 萬公里，高速鐵路運營里程由不到 1 萬公里增加到 2.2 萬公里以上，穩居世界第一；公路里程由 424 萬公里增加到 470 萬公里，其中高速公路里程由 9.6 萬公里增加到 13.1 萬公里，位居世界第一；定期航班航線里程由 328 萬公里增加到 635 萬公里；2016 年末，城市軌道交通運營線路里程 4153 公里，擁有運營線路的城市 30 個。資訊通信水準快速提升，「寬帶中國」戰略加快實施，全球最大規模的寬帶通信網絡基本建成，2016 年，固定互聯網寬帶接入用戶 2.97 億戶，居全球前列；互聯網上網人數 7.31 億人，比 2012 年增長 29.7%；互聯網普及率達到 53.2%，提高 11.1 個百分點；移動互聯網業務蓬勃發展，2016 年移動互聯網接入流量達 93.6 億 G，手機

上網人數達 6.95 億人。能源供給能力不斷增強，水電、風電、光伏發電裝機規模和核電在建規模均居世界第一。2016 年，發電裝機容量超過 16 億千瓦；2016 年，核電發電裝機容量 3364 萬千瓦，比 2012 年增長 167.6%；並網風電 14864 萬千瓦，增長 142.0%；並網太陽能發電 7742 萬千瓦，增長 21.7 倍。

4.「四樑八柱」性改革框架基本確立

近年來，全面深化改革取得突出成果，主要領域「四樑八柱」性改革全面鋪開，一些重點領域和關鍵環節改革取得突破，社會主義市場經濟體制進一步完善，為發展提供了體制機制保障。一是供給側結構性改革邁出實質性步伐。以「三去一降一補」為重點任務的供給側結構性改革初見成效。2016 年退出鋼鐵產能超過 6500 萬噸，煤炭產能超過 2.9 億噸。2016 年末，商品房待售面積 69539 萬平方米，比上年末減少 2314 萬平方米，下降 3.2%，多年來首次出現下降；規模以上工業企業資產負債率為 55.8%，比上年末下降 0.4 個百分點。全面推開營改增，2016 年降低企業稅費成本 1 萬億元左右。二是放管服改革取得實質性進展。推動簡政放權、放管結合、優化服務，市場在資源配置中的決定性作用和政府有效作用得到更好發揮。2013 年以來，國務院共取消和下放 618 項行政審批等事項，提前完成本屆政府減少行政審批事項三分之一的目標，徹底終結了非行政許可審批；商事制度改革不斷深化，「五證合一、一照一碼」推進實施，「雙隨機、一公開」全面推行。三是關鍵領域改革向縱深推進，財稅金融體制改革、國企改革、投融資體制改革、醫療服務價格改革、機關事業單位養老保險

制度改革、戶籍制度改革等關鍵領域取得重要進展。

5. 對外開放繼續推進，深入參與全球治理進程

五年來，我國積極適應經濟全球化的新形勢，實行更加積極主動的開放戰略，加快構建開放型經濟新體制，加快轉變對外貿易和對外投資方式，堅持出口和進口、貨物貿易和服務貿易、利用外資和對外投資協調發展，對外開放的深度和廣度進一步拓展，開放型經濟活力日趨增強。一是進出口貿易由量的擴張轉向質的提升。2016 年，我國貨物進出口總額 24.3 萬億元，占世界貿易總額的比重保持在 11% 以上。服務進出口快速發展。2016 年，服務進出口總額 6575 億美元，比 2012 年增長 36.7%，年均增長 8.1%，穩居世界第二位。高附加值領域服務出口增長勢頭強勁，2016 年維護和維修服務、資訊服務出口均實現 40% 以上的增長。二是全方位開放取得新進展。2016 年，我國與「一帶一路」沿線國家進出口總額 6.3 萬億元，占我國貿易總額比重達 25.7%。截至 2016 年末，我國企業在沿線國家建立初具規模的境外經貿合作區 56 個，累計投資超過 185 億美元。一批重大工程和國際產能合作專案落地，高鐵、核電「走出去」邁出堅實步伐。自由貿易區建設不斷加快，中國－東盟自貿區升級議定書正式生效，與冰島、瑞士、韓國、澳大利亞等國自貿區啟動實施。設立上海、廣東、天津等 11 個自貿試驗區和 12 個跨境電子商務綜合試驗區。三是全球經濟治理話語權提升。我國深入參與全球治理進程，在全球經濟制度建設中不斷貢獻中國智慧、中國方略。倡議建立亞洲基礎設施投資銀行和設立絲路基金，成功主辦了「一帶一路」國際合作高峰論壇、亞太經合

組織（APEC）北京峰會、二十國集團（G20）領導人杭州峰會、博鼇亞洲論壇。2016 年人民幣正式納入國際貨幣基金組織特別提款權（SDR）籃子，人民幣成為國際儲備貨幣邁出重大步伐。

6. 民生事業持續改善，人民群眾獲得感顯著增強

近年來，各地區各部門堅持民生優先，千方百計增加居民收入，加大收入分配調節力度，努力實現居民收入增長和經濟增長同步，堅決打好脫貧攻堅戰，全面提高社會保障水準，城鄉居民獲得新實惠，人民生活實現新改善。一是居民收入保持較快增長。2016 年，全國居民人均可支配收入 23821 元，比 2012 年增加 7311 元，年均實際增長 7.4%。按常住地分，城鎮居民人均可支配收入 33616 元，比 2012 年增加 9489 元，年均實際增長 6.5%；農村居民人均可支配收入 12363 元，比 2012 年增加 3974 元，年均實際增長 8.0%。農村居民收入增速連續 7 年高於城鎮居民，城鄉居民收入差距持續縮小。二是居民生活品質不斷提升。2016 年，全國居民人均消費支出 17111 元，比 2012 年增加 4255 元，年均名義增長 7.4%。消費結構升級步伐加快，發展享受型消費占比明顯上升。2016 年，全國居民恩格爾係數為 30.1%，比 2012 年下降 2.9 個百分點，接近聯合國劃分的 20% 至 30% 的富足標準；交通通信、教育文化娛樂、醫療保健支出占消費支出的比重分別比 2012 年提高 2.0、0.7 和 1.3 個百分點。居民物質和精神生活極大豐富。2016 年，全國居民每百戶家用汽車擁有量 27.7 輛，比 2013 年增長 63.9%；國內旅遊人數 44.4 億人次，比 2012 年增長 50.2%；出境旅遊人數 1.22 億人次，比 2012 年增長 46.7%。三是精準扶貧成效

卓著。精準扶貧精準脫貧深入實施，扶貧工作機制和模式不斷創新，
金融扶貧、產業扶貧、易地扶貧、教育扶貧等成效明顯，脫貧攻堅戰
取得新勝利。按照每人每年 2300 元（2010 年不變價）的農村貧困標
準計算，2016 年農村貧困人口 4335 萬人，比 2012 年減少 5564 萬人，
平均每年減貧近 1400 萬人；貧困發生率下降到 4.5%，比 2012 年下降
5.7 個百分點。貧困地區農民收入增長幅度高於全國。2016 年，貧困
地區農村居民人均可支配收入 8452 元，扣除價格因素，比 2012 年實
際年均增長 10.7%，比全國農村居民收入年均增速快 2.7 個百分點。
四是社會保障覆蓋面持續擴大。覆蓋城鄉居民的社會保障體系基本建
成。2016 年末，參加基本養老、城鎮基本醫療、失業、工傷和生育保
險人數分別比 2012 年末增加 9981、20751、2864、2879 和 3022 萬人。
企業退休人員基本養老金水準自 2005 年開始連續 12 年上調。城鄉居
民基本醫療保險制度整合取得實質性進展，2015 年個人衛生支出占衛
生總費用的比重下降到 29.3%，基本醫保總體實現全覆蓋。

7. 社會事業全面進步，發展協調性不斷增強

　　五年來，各地區各部門加大教育、文化、醫療、體育領域投入，
全面深化文化體制改革，創新公共文化服務運行機制，深入實施「健
康中國」戰略，著力增強人民科學文化和健康素質，加快建設人力資
本強國，社會建設不斷取得新進步，經濟社會發展的協調性明顯增強。
一是教育公平邁出新步伐，九年義務教育全面普及，高等教育毛入學
率顯著提高，2016 年達到 42.7%，比 2012 年提高 12.7 個百分點；文
化繁榮發展呈現新氣象，2016 年，文化及相關產業增加值 30254 億元，

比 2012 年名義增長 67.4%，年均增長 13.7%；占國內生產總值的比重為 4.07%，比 2012 年提高 0.59 個百分點。中華文化影響力擴大，中文、中國功夫、中國書畫、中華美食魅力四射。2016 年底，全球已有 140 個國家和地區建立了 512 所孔子學院和 1073 個中小學孔子課堂。「歡樂春節」「中國文化年（節）」等各種文化品牌活動遍及全球，主流媒體國際傳播能力不斷提升。二是健康中國建設加快推進。公共衛生服務機構和衛生服務人員數量大幅增加，為滿足人民群眾衛生服務需求提供了重要保障。2016 年末，全國醫療衛生機構數達到 98.3 萬個，其中醫院 2.9 萬個，比 2012 年末增加 0.6 萬個；全國衛生技術人員 845 萬人，增加 178 萬人。每千人口醫療衛生機構床位數由 2012 年 4.24 張增加到 2016 年 5.37 張。公共衛生整體實力和疾病防控能力邁上新臺階，城鄉居民健康狀況顯著改善。居民平均預期壽命由 2010 年的 74.83 歲提高到 2015 年的 76.34 歲。嬰兒死亡率由 2012 年的 10.3‰下降至 2015 年的 8.1‰，孕產婦死亡率由 24.5/10 萬下降到 20.1/10 萬。體育產業蓬勃發展。2015 年，體育產業增加值 5494 億元，占國內生產總值的比重為 0.8%。[1]

　　回顧既往，在以習近平同志為核心的黨中央堅強領導下，全國上下創新進取，砥礪奮進，在全面建成小康社會和邁向中華民族偉大復興的征程中再創新功，輝煌成就舉世矚目，必將載入光輝史冊。展望未來，我國在新的歷史起點上開啟新征程，改革轉型任務依然繁重，

---

1 本節資料均來自國家統計局《砥礪奮進的五年——從十八大到十九大》專題系列分析。網址：http://www.stats.gov.cn/tjsj/sjjd/201706/t20170616_1504091.html

前進道路上的挑戰前所未有，但擁有的機遇也前所未有，經濟長期向好基本面沒有改變，結構調整優化前行，新動能發展勢頭強勁，人和政興的發展環境難能可貴。

我們總結各項成就，不是要沾沾自喜、盲目自大，而是要用成就來勉勵自己，繼續走好中國自己的道路，努力取得更好的成績，創造更多的物質和精神財富，提升人民群眾的幸福感和獲得感，展現中華民族自強不息的創造力和中國道路生機勃勃的生命力。

（二）警惕各種思潮

今年是改革開放 40 周年，每到歷史關口就會重新引發一次類似的爭論，那就是中國要走什麼道路的爭論。社會上有人主張走「老路」，即高度集中的計劃經濟體制，對改革開放否定多、肯定少，將中國經濟社會發展在改革開放過程中出現的不可避免的矛盾和問題歸因於改革本身，誇大改革開放的負面作用；也有人主張走「邪路」，他們將新自由主義作為中國改革的理論支撐和理論依據，試圖通過照搬西方道路、理論與制度從而西化中國，認為改革開放前一片黑暗，沒有成果只有錯誤，鼓吹市場具有萬能作用；還有人主張走「古路」，他們鼓吹「用儒學取代馬列主義」「立儒教為國教」，發出「儒化社會主義」「儒化共產黨」「儒化中國」的呼聲，具有強烈的「懷舊」心態。各種主張之間分歧大、爭論多，雜音噪音不絕於耳，成為統一思想、統一方向的障礙。

1.警惕「老路」和「邪路」

2013 年 1 月 5 日，習近平同志在《新進中央委員會的委員、候補委員學習貫徹黨的十八大精神研討班上的講話》中曾明確指出：「我們黨領導人民進行社會主義建設，有改革開放前和改革開放後兩個歷史時期，這是兩個相互聯繫又有重大區別的時期，但本質上都是我們黨領導人民社會主義建設的實踐探索。中國特色社會主義是在改革開放歷史新時期開創的，但也是在新中國已經建立起社會主義基本制度並進行了 20 多年的基礎上開創的。……不能用改革開放後的歷史時期否定改革開放前的歷史時期，也不能用改革開放前的歷史時期否定改革開放後的歷史時期。」[1] 這一論斷，正是針對一段時期以來，社會上出現的「老路」與「邪路」之爭背後的歷史虛無主義思潮的強有力的反駁與批判。不能割裂歷史、不能搞兩個階段對立論和互否論。

改革開放新時期所取得的成就，是以新中國成立以後 30 年所取得的成就為基礎的。沒有前一階段取得成就的基礎，就不會有改革開放的成功。正確看待前一階段的歷史，客觀地評價這一階段為改革開放和中國特色社會主義現代化的建設所奠定的基礎，是馬克思主義唯物史觀的一貫立場。正是因為前一階段的探索中缺乏社會主義建設的經驗，出現了失誤和曲折，所以要改革。改革不是自我否定，而是社會主義的自我完善，通過改革來繼續推動新中國朝著正確的方向前進；正因為前一階段被封鎖，所以要開放，開放是利用全世界人民所創造

---

1 中共中央宣傳部：《習近平同志系列重要講話讀本》，學習出版社、人民出版社 2016 年版，第 31-32 頁。

的共同優秀文明成果來加快我們的發展。兩個階段發展的起點、條件完全不同，但又是相互聯繫、不可分離的，正是前一階段以艱苦的奮鬥犧牲，才換來了改革開放的良好發展環境。沒有前一階段的奮鬥與成功，沒有前一階段的政治基礎、社會基礎和經濟基礎，就不會有後一階段的改革開放。

2016 年 7 月 1 日，習近平同志在慶祝中國共產黨成立 95 周年大會上的「不忘初心、繼續前進」的重要講話，和 2017 年 7 月 26 日在省部級主要領導幹部「學習習近平同志重要講話精神，迎接黨的十九大」專題研討班開班式上的重要講話，是新形勢下明確方向的重要宣言。「不忘初心」，既包括對中國共產黨建黨初衷的銘記，也包括對改革開放之前中國共產黨取得的歷史成就的肯定；「繼續前進」，意味著我們仍然要高舉改革大旗，繼續完善社會主義制度，把中國特色社會主義推進到新的歷史高度。習近平總書記「7.26」講話明確強調，「中國特色社會主義是改革開放以來黨的全部理論和實踐的主題，全黨必須高舉中國特色社會主義偉大旗幟，牢固樹立中國特色社會主義道路自信、理論自信、制度自信、文化自信，確保黨和國家事業始終沿著正確方向勝利前進。」[1]

2．警惕「古路」

傳統文化的實質是在漫長的歷史時代中逐漸形成的、在現實中依

---

1 習近平：〈高舉中國特色社會主義偉大旗幟、為決勝全面小康社會實現中國夢而奮鬥〉，《人民日報》2017 年 7 月 28 日。

然發揮作用的思維方式、風俗習慣和價值理念的集合體，它們既古老又為當代人所認同。傳統文化是把「雙刃劍」，要繼承傳統文化，首先明確要繼承的必須是優秀傳統文化，即符合人類發展大勢所需要的文化。對於中國優秀傳統文化來說，則更要求是符合社會主義核心價值觀的文化。從弘揚中國優秀傳統文化的角度來說，要把傳統文化當中與現今的時代精神所契合的那些文化精華，在當代社會生活中加以弘揚和傳播，使其潛移默化地成為當代人的思維方式、行為規範和價值理念的有機組成部分。一個民族的創造力和智慧都凝聚在傳統文化中，繼承、轉換、發展和傳承傳統文化，必須把握時代的需要、順應時代的發展、引領時代的精神，使民族與時代一同前行。

　　馬克思主義中國化是面向時代的一種新的創造，是在創造中不斷地繼承和不斷地創新的過程。一方面要將新的時代內容注入中國傳統文化之中，以古鑒今；另一方面要關注世界文化發展方向進行創新，革故鼎新。對於我們來說，如何把馬克思主義中國化是一個需要不斷思考、不斷創新的過程。馬克思主義是現代工業文明發展背景下的思想產物，而中國傳統文化則是古代農業文明發展背景下的思想產物，二者具有完全不同的文化形態。以儒家為中心、法道釋為輔的中國傳統文化，是基於古代農耕文明形成的，是中國封建社會的官方意識形態，它否定個人利益、個人獨立性、個性的觀念，而這些恰恰是與社會主義價值觀念格格不入的。我們要歷史地看待中國傳統文化的歷史作用，在封建時代確實對於維護封建統治、穩定社會秩序起到了一定的積極作用，但要知道時代是隨著生產力在不斷發展的，當中國人民受三座大山壓迫的時候，不是儒家學說，也不是傳統文化挽救了中國，而是在馬克思主義指導下的中國革命的勝利挽救了中國，同樣

地，也正是因為馬克思主義挽救了中國，才使儒家學說、傳統文化避免同舊中國一道走向沒落；不是儒家學說，也不是傳統文化把一個滿目瘡痍、貧窮落後的中國建設成如今最接近中華民族偉大復興時期的中國，而是當代中國共產黨人在馬克思主義的指導下，靠改革開放和現代化建設才讓中國傳統文化走向世界，使中國傳統文化重振雄風成為可能。[1]

三、從對比看自信
——中國道路在解決當今世界難題中的出色表現

　　站在新的歷史起點上，中國共產黨人更應該環顧世界，通過對比世界各國的真實發展情況，在客觀的、橫向的對比下，看到中國特色社會主義道路的優勢和解決當今世界難題中的出色表現，從而進一步增強道路自信。中國改革開放以來的高速發展，特別是在應對亞洲金融風暴和全球金融危機中的突出表現，吸引了眾多發展中國家的共同關注，他們希望從中國的成功道路中吸取經濟發展和治國理政實踐經驗。中國自己探索出來的發展道路已經深刻地改變了中國，並已經開始影響整個世界未來的走向。中國道路的成功，豐富和拓展了世界政治和國家發展模式，中國發展和治理方案具有巨大的國際意義。中國通過實踐證明，經過 40 年的改革開放，不僅解決了本國的發展道路問

---

1 張弢：〈馬克思主義中國化的實質再透視〉，《中共山西省直機關黨校學報》2017 年第 4 期。

題，而且也為全世界樹立了一個具有借鑒意義的榜樣。美國前國務卿基辛格曾經說過：「中國已為世界作出了巨大貢獻，中國發展模式無論對中國還是世界其他國家都具有重要意義。」[1]

（一）與西方發達國家比較

眾所周知，西方發達國家的原始積累具有一定的共性基礎。一方面，借助圈地運動和工業革命，使新誕生的大批無產者淪為機器大生產的奴隸，促使生產力達到前所未有的高度；另一方面，借助軍事實力和經濟實力，掠奪落後國家的各種資源，向全世界輸出廉價產品，打擊落後國家民族工業的發展。西方發達國家原始積累的歷史，就是廣大勞動人民的受難史和落後國家被侵略的歷史，是帶著血與淚的辛酸史和被奴役史。現在他們自稱為世界上最文明的國家，但他們的發展歷程一點都不文明，是以犧牲別國利益、犧牲弱勢群體為代價換來的發展和發達，不值得稱頌和模仿。

中國在經過艱辛革命建立新中國後，建設發展模式採取了艱苦奮鬥、自力更生的原則，既不對外掠奪，又不對外侵略。始終緊緊依靠廣大人民的勤勞與智慧，努力學習國外先進技術，發展生產力，大膽改革創新，走了一條前所未有、沒有先例的、和平的人類文明發展新道路。讓廣大人民群眾從吃飽到吃好，從站起來到富起來，現如今正在完成從富起來到強起來的階段目標，是中國共產黨對人民的擔當和

---

1 張維為：〈在國際比較中解讀中國道路〉，《求是》2012 年第 21 期。

承諾，是中國道路合法性和正當性的現實依據。中國共產黨始終把人民對美好生活的嚮往作為努力的方向，為人類發展提供了一種新的模式、新的道路和新的方案。

與西方發達國家罪惡的發展道路相對比，中國道路與西方發達國家道路的本質區別在於社會主義道路與資本主義道路的區別。西方發達國家的發展道路，不論政治制度和經濟制度有何個性區別，本質上都是資本主義道路，都有資本主義共性的根本矛盾，只不過針對這一矛盾的表現形式不同，各自採取了不同的應對方式。這種根本矛盾如同一顆定時炸彈，早晚要爆炸，這是避免不了的。資本主義一百多年的發展歷史告訴我們，不解決這一根本矛盾，資本主義經濟危機永遠無法根除。

2007 年，美國爆發了次貸危機，隨後引發了歐洲主權國家的債務危機，引發全球性的金融危機。面對這場席捲全球的危機，歐美發達國家將危機爆發的原因歸咎於民眾所享受的社會福利保障，各國政府開始大肆削減公共福利支出、大幅裁撤警察和教師，引起了民眾質疑和反感。歐洲國家陷入債務危機的原因，是政府花費了大量納稅人的錢來挽救金融財團的金融投機賭債，政府卻無恥地將責任推脫給了納稅人和普通民眾。反觀中國在這次危機中的表現，作為積極參與全球經濟活動的中國，也受到了不小的影響，主要表現在進出口貿易量的急速下滑。黨中央及時預見了這場金融危機將對中國有可能造成的各方面影響，及時出臺了擴大內需、促進經濟增長的十大政策措施。通過財政政策和貨幣政策的適當調整，中國率先擺脫了金融危機的影響，讓西方發達國家刮目相看，充分體現了中國道路的正確性和中國制度的優越性。

近年來，很多出國旅遊的人回來都感慨「一出國就愛國」。主要

是由於只有出去親眼看了外國的實際情況，才能明白這些年來中國發展的成就有多大。中國的基礎設施建設水準已經超越了多數西方國家，特別是大大超越了美國，無論是機場、碼頭、港口、火車站甚至是商業設施都已遠遠超過；其它的核心指標包括嬰兒死亡率、人均壽命、社會治安等都比美國的資料要好。[1] 中國高鐵和中國建設已經成為中國的名片，大量參與海外工程競標，中國企業通過提高自主研發能力使核心技術大踏步前進，在國際上的核心競爭力有了飛速的提高。

最近一些年，恐怖組織在西方發達國家的活動日益猖獗。2001 年美國「9.11」恐怖襲擊，2004 年俄羅斯恐怖襲擊，2005 年英國倫敦恐怖襲擊，2010 年俄羅斯地鐵恐怖襲擊，2011 年挪威恐怖襲擊，2015 年的巴黎市中心恐怖襲擊，2017 年英國曼徹斯特體育場恐怖襲擊、西班牙巴賽羅納恐怖襲擊、英國倫敦地鐵恐怖襲擊等，造成西方民眾的不安全感大幅上升。相對來說，中國受到的恐怖襲擊相對較少，與中國道路所選擇的和平發展戰略有很大關係。中國的發展不是以損害他國或他民族為代價，而是呼籲國家之間雙贏、共贏，互惠合作。

中國具有應對各種風險挑戰的最根本的原因在於，我們所有的走的道路與他們不同，我們實行的社會制度也不同。我們的道路是科學社會主義理論加上中國實踐經驗的有機結合，是符合中國發展實際的道路。在經濟上實行社會主義市場經濟，是「社會主義」與「市場經濟」的有機結合，既能夠很好地發揮市場進行資源配置的決定性作用，又能發揮政府對經濟的宏觀調控以降低市場調節的局限性。在政治上

---

1 張維為：〈國際視野下的中國道路〉，《光明日報》2015 年 4 月 2 日，第 11 版。

緊緊依靠人民，時刻明確發展的目的，不是為了發展而發展，而是把人民的幸福放在第一位，讓人民共用改革發展的成果。

（二）與其他社會主義國家比較

當今世界，走社會主義道路的國家只有中國、朝鮮、越南、老撾和古巴。其中，朝鮮、越南、老撾都是我國的鄰國。同為社會主義國家，這些國家的社會經濟發展如何呢？

朝鮮從 20 世紀 80 年代起經濟發展基本就處於停滯狀態，先軍政治的發展模式，導致經濟社會發展要讓步於軍事發展，這種畸形的發展方式嚴重地阻礙了經濟發展。朝鮮在 1998 年即已提出建設「強盛大國」的宏偉目標，在 2008 年又進一步提出要在金日成主席誕辰 100 周年的 2012 年「開啟強盛大國之門」。朝鮮「強盛大國」的奮鬥目標細分為政治思想強國、軍事強國和經濟強國三個子目標。其中，朝鮮認為前面兩個子目標已經達成，今後建設強盛大國的關鍵在於經濟強國建設，其基本路線是「優先發展國防工業，同時發展輕工業和農業」。近年來，朝鮮總體經濟形勢好轉，尤其是電力、化肥等之前一直制約朝鮮經濟發展的瓶頸問題正在逐步解決，高科技的應用正在推廣。正如中國記協新聞代表團 2011 年 9 月 21-28 日訪朝後所評論的那樣，「朝鮮經濟已經開始復蘇。有關這個『神秘國度』，『時光凍結』的說法，『經濟即將崩潰』的說法，看起來都不可靠。平壤，似乎正迎來新的生活。」[1]2011 年 6 月，朝中啟動了黃金坪、威化島經濟區和羅先經貿

---

1 章新新、朱淵：「探訪平壤：朝鮮著力提高人民生活，經濟開始復蘇」，網址：http://www.Chinanews.com/gj/2011/10-10/3376566.shtml。

區，兩國將對這兩個經濟區進行共同開發和共同管理。對於朝鮮來說，制約其發展的主要有三個因素：一是外部安全環境惡劣，不利於獲取經濟增長所需的巨額資金，朝鮮要實現經濟快速增長，必須確保巨額外資作為其發展的後盾；二是生產資料短缺，難以滿足生產需求，朝鮮經濟建設雖取得了系列成就，但仍面臨電力緊張以及原材料不足而無法保障工廠滿負荷運轉等問題；三是經濟管理模式有待改善，朝鮮實行的是國家統一指導下的計劃經濟體制，隨著市場因素的引進和對外開放的進行，朝鮮經濟體制需要進行調整和完善。[1]

　　越南在 1975 年實現了南北方的統一，統一之後的越南千瘡百孔，經濟面臨崩潰。在 1986 年底啟動了社會主義革新與開放，學習了中國的很多成功經驗。與中國類似，先從農業入手，把土地還給農民，使農民對土地與收成完全擁有自主權，從而充分調動了農民的生產積極性。工業方面是強調市場因素，改變過分強調發展重工業的戰略，引進外資，鼓勵發展以出口為導向的製造業。1996 年 6 月 28 日至 7 月 1 日，越南舉行八大，總結了實施革新 10 年的經驗教訓，提出推進國家工業化、現代化的路線。1996-2000 年，越南雖然受到金融危機的嚴重衝擊，但仍取得了 7% 的年均經濟增長率。2001 ～ 2005 年，越南經濟進入快速增長的階段，年均增長達到 8%。尤其是在 2006 年加入世界貿易組織，擴大了越南經濟的開放程度，使越南加速融入世界經濟。越南已開始從一個農業國向工業化和現代化國家過渡。對於越南來說，基礎設施嚴重滯後是一個必須注意的問題。越南政府的國民收入分配

---

1 李軍：〈朝鮮經濟發展現狀及前景〉，《現代國際關係》2012 年第 1 期。

政策的一個重要特點是「藏富於民」，老百姓比較富裕，私人房屋都很漂亮，而政府每年的預算都是入不敷出，財政赤字約占 GDP 的 5% 左右，政府沒有財力從事大規模的基礎設施建設。迄今為止，越南還沒有一條高速公路，鐵路還是當年法國殖民時代修建的窄軌鐵路，速度很慢。此外，越南的電力短缺問題依然沒有得到根本解決，各大中等城市停電的現象普遍，許多鄉村還沒有通路、通電。另外，軟環境中還存在一些不盡人意的地方，如各級政府中的官僚主義作風，貪污腐敗等現象。[1]

老撾 1975 年取得了民族解放事業的勝利，1986 年啟動了革新開放的決策。在過去很長一段時期內，老撾是個封閉的國家，同周圍其他國家相比，並不是處在同一起跑線上，它底子薄，基礎差，綜合國力弱，處於水準較低的發展階段，在東盟十國中屬於倒數第一第二的位置，被世界銀行列為世界上最貧窮的國家之一。老撾的經濟仍基本保持「三依靠」的特點，即依靠外援維持國家財政，依靠外資進行基本建設，依靠外國商品供應國內市場。[2] 從 20 世紀 90 年代後半期開始，老撾經濟陷入嚴重的金融失衡狀態，特別是 1998 年亞洲金融危機的發生惡化了老撾的形勢。從宏觀經濟來看，經濟增長保持較高速度，宏觀環境有所改善；從政府投資情況來看，政府投資和吸引外資都不盡如人意；各部門發展不均衡，農業萎縮，工業發展較快。存在的問題：基礎設施差，交通基礎設施、農業基礎設施、工業基礎設施、旅遊基礎設施都比較差；財政問題多，投資嚴重依賴外資；地理環境惡劣，

1 曹雲華：〈越南的經濟發展現狀與前景〉，《珠江經濟》2008 年第 8 期。
2 張良民：〈老撾經濟社會發展現狀〉，《國際論壇》1999 年第 4 期。

老撾的國土多為山區，沒有出海口，對發展交通有較大影響。[1]

　　古巴是從 20 世紀 60 年代開始的社會主義建設事業，80 年代對經濟體制進行改革。堅持以公有制為主體，允許非公有制經濟發展；農村改革方面，積極調整和優化農村經濟結構，減少國家對土地的控制範圍，下放土地生產經營權；積極擴大對外開放，奉行全方位的外交政策。[2] 古巴當前面臨的主要問題：日益增加的社會不平等和貧困、權力過度集中、嚴重的社會與人口失衡、機構管理效率低下、基本的消費需求得不到保障、腐敗、自然災害（主要是颶風）與流行病、美國對古巴的干涉等。[3]

　　從各個社會主義國家的現實發展狀況來說，改革是一條必由之路。具體以什麼方式改革，從哪個領域改革，改革的先後順序，改革的重點領域，則根據各個國家的情況不同而各有不同。為什麼都需要改革？原因是以前各個社會主義國家在以蘇聯為首的社會主義陣營帶領下，對於什麼是社會主義，如何建設社會主義，什麼是馬克思主義，如何把馬克思主義與本國實際相結合，理解上有偏差、認識上有誤區，不敢破除教條僵化的定勢思維，不敢走自己的路，過度依賴和迷信蘇聯模式。沒有充分解放思想、實事求是，立足本國實際，大力發展生產力，提高人民生活水準。中國特色社會主義道路已經成為僅存的幾個社會主義國家中發展得最好的榜樣，中國希望各國不要過分迷信一國

---

1 志榮：〈老撾經濟社會發展現狀與對策建議〉，《東南亞縱橫》2006 年第 1 期。
2 張潔潔：《國際社會對中國道路的評價與堅定道路自信研究》，華中師範大學碩士學位論文。
3 齊峰田：〈古巴學者談古巴當前的改革〉，載於 http://ilas．cass．cn/cn/xwzx/content．asp？infoid=14488，2010 年 10 月 18 日。

的成功模式，而是要因地制宜、廣泛學習、取長補短、勇於創新。

（三）與新興市場國家比較

新興市場國家主要有印度、巴西、南非等發展中國家，其共同特點是：勞動力資源相對充足，勞動力成本較低，自然資源豐富。近年來，依靠經濟全球化的推動，新興市場國家由於勞動力優勢和資源優勢，吸引了眾多發達國家和地區來自己國家進行投資建廠，或者以原材料直接出口換取技術和資金支持。由於外資的大量注入，新興市場國家在經濟上得到快速發展。在發達國家與新興市場國家進行交往過程中，主導地位和主動權始終由發達國家佔據，投資在新興市場國家的大部分企業都是污染嚴重或技術淘汰型的工廠和企業。這導致新興市場國家的經濟發展潛力受到發達國家牽制和壓制。

中國與印度相比，發展優勢比較明顯。在經濟發展水準方面，2015 年中國 GDP 總量 10. 87 萬億美元，位列世界第二，印度以 2. 07 萬億美元位列世界第七；2015 年中國人均 GDP 為 7925 美元，位列世界第 71 位，印度為 1582 美元，不到中國的 1/5。在經濟發展結構方面，中印在產業結構上呈現顯著的「印度服務、中國製造」的特點；印度以消費主導，中國以投資主導，2015 年中國最終消費占 GDP 的比重為 51. 6%，印度同期 70. 1%；中國城鎮化水準高於印度，2015 年中國城鎮化率 55. 6%，印度 32. 7%。在工業發展水準方面，中國工業規模居世界首位，遙遙領先印度，2015 年中國的工業增加值 37977 億美元，世界第一，印度同期僅為 4389 億美元。在農業生產水準方面，中印均為農業大國，印度可耕種面積高於中國，但中國糧食產量高於印度，

印度可耕種面積 157 萬平方公里，中國 106 萬平方公里；2014 年中國糧食作物總產量 6.07 億噸，印度 2.53 億噸。在基礎設施方面，中國基礎設施建設遠遠領先於印度，2015 年中國人均用電量為 4040 千瓦時，印度僅為 667 千瓦時；2015 年中國國道和高速公路總里程為 30.8 萬公里，印度 8 萬公里；中國的省道為 33 萬公里，是印度的 2 倍有餘；2016 年中國的高速鐵路總里程已突破 2 萬公里，而印度高鐵仍在計畫之中；2015 年中國民用航空旅客運輸量 4.36 億人次，而印度同期僅 0.99 億人次。金融實力與國際收支方面，2015 年印度金融業占 GDP 的比重為 5.7%，中國為 8.4%，高於印度 2.7 個百分點。教育與醫療方面，印度在基礎教育水準上與中國差距較大，中國小學、中學和高等教育入學率均高於印度，中國基礎醫療水準遠高於印度。知識經濟與創新方面中國的科研投入、產出均遠高於印度。[1]

巴西是資源物產豐富的大國，礦產、林業和水電資源豐富，世界第一咖啡生產和出口大國，但經濟發展存在很多問題。一是經濟衰退，2014 年中期以來，巴西經濟開始走下坡路。由於政治動盪、國內需求減少、政府公共支出過高、國際大宗商品價格下跌等多種原因，巴西陷入了嚴重的經濟衰退，2015 年巴西 GDP 同比減少 3.8%；二是出口商品單一，極度依賴大豆、鐵礦石等大宗商品，大宗商品等初級產品的出口額占到了 50% 以上；三是工業化程度不高，尤其是機械製造業極度落後，生產成本高、生產效率低等原因讓巴西從工業強國逐步淪為原材料出口國；四是開放程度不高，在 20 國集團（G20）中，巴西

---

1 應習文、張雨陶、劉傑：〈中印發展現狀對比及展望〉，《中國國情國力》2017 年第 7 期。

是外貿領域最為封閉的國家，2015 年的開放程度評分為 2.3 分，排在
阿根廷和印度之後，而世界的平均水準為 3.7 分；四是投資環境和政
策不佳，貿易保護主義十分興盛；[1] 五是教育事業發展落後，5000 萬 15
歲到 29 歲的年輕人中，有 950 萬人既未上學也未就業，更有 450 萬人
連初等教育也沒學完，給經濟增長率帶來負面影響，而且與失業、犯
罪、愛滋病、濫用藥物、未成年人懷孕等社會問題也有關聯；[2] 六是嚴
重的貧富兩極分化問題，是世界上貧富不均最嚴重的 10 個國家之一，
10% 的最富者的收入是 10% 最窮者收入的 65.8 倍，近 10 年間，巴西
的基尼係數始終在 0.6 左右徘徊，屬世界最高之列；在城市化過程中
因土地高度集中於少數人手裡，大地主與腐敗政客又勾結牟利，廣大
農民在無地可種又無業可從的情況下，被迫起來抗爭或導致犯罪。[3]

　　南非屬於中等收入的發展中國家。自然資源豐富。金融、法律體
系完善，通訊、交通、能源等基礎設施完備。礦業、製造業、農業和
服務業是經濟四大支柱，深井採礦等技術居於世界領先地位。但國民
經濟各部門、地區發展不平衡，城鄉、黑白二元經濟特徵明顯。20 世
紀 80 年代初至 90 年代初受國際制裁影響，經濟出現衰退。新南非政
府制定了「重建與發展計畫」，強調提高黑人社會、經濟地位。1996
年推出「增長、就業和再分配計畫」。2006 年實施「南非加速和共
用增長倡議」。1994 年新南非成立以來，經濟年均增長 3%，2005 年
至 2007 年超過 5%。2008 年受國際金融危機影響，南非經濟增速降至

1　王琬琪：〈巴西外貿現狀及中巴貿易發展〉，《現代經濟資訊》2016 年第 14 期。
2　王英斌：〈巴西教育現狀影響國民經濟發展〉，《世界文化》2007 年第 9 期。
3　宋海燕：〈巴西解決社會發展問題的措施與啟示〉，《開放導報》2008 年第 5 期

3.1%。南非自 2008 年 12 月以來 6 次下調利率，並出臺增支減稅、
刺激投資和消費、加強社會保障等綜合性政策措施，以遏止經濟下滑
勢頭。2009 年南非經濟逐漸回升向好，四個季度經濟增長率分別為
-7.4%、-2.8%、0.9% 和 3.2%。2010 年一季度經濟增長 4.6%。此外，
南非政府還於 2010 年 4 月起實施「新工業政策執行計畫」，以解決南
經濟中長期存在的產業結構不合理和失業率高企等結構性問題。[1]

　　同樣是搭乘經濟全球化的順風車成長起來的國家，中國在經濟全
球化過程中，已經逐步由隨從地位轉為主導地位。2017 年 1 月，中國
國家主席習近平在世界經濟論壇 2017 年年會開幕式上的主旨演講，以
「共擔時代責任、共促全球發展」為題，針對美國等發達國家鼓吹的
反經濟全球化和地方保護主義的提議，進行了有擔當、負責任的講話。
現如今，中國已經悄然成為經濟全球化的推動者，習近平在講話中坦
率地說：「當年，中國對經濟全球化也有過疑慮，對加入世界貿易組
織也有過忐忑。但是，我們認為，融入世界經濟是歷史大方向，中國
經濟要發展，就要敢於到世界市場的汪洋大海中去游泳，如果永遠不
敢到大海中去經風雨、見世面，總有一天會在大海中溺水而亡。所以，
中國勇敢邁向了世界市場。在這個過程中，我們嗆過水，遇到過漩渦，
遇到過風浪，但我們在游泳中學會了游泳。這是正確的戰略抉擇。」[2]
這展現了中國對於經濟全球化的態度和立場。近年來，在中國經濟的

1 中華人民共和國外交部：南非國家概況（更新時間：2017 年 1 月），[OL]
　http://www.fmprc.gov.cn/web/gjhdq_676201/gj_676203/fz_677316/1206_678284
　/1206x0_678286/
2 習近平：〈共擔時代責任、共促全球發展 ── 在世界經濟論壇 2017 年年會開幕式
　上的主旨演講〉。

發展過程中，積極轉變發展方式，實施「走出去，引進來」戰略，不斷提高自身的科技創新能力，調整第一、二、三產業結構，促進城鄉和諧發展，更加注重人的全面發展。總的來說，新興市場國家在發展程度和發展品質上，與我國仍存在一定差距。

通過比較，我們發現：「與西方發達國家相比，中國是風景這邊獨好；與其他社會主義國家相比，中國更是一枝獨秀；與新興市場國家相比，中國始終處於領跑地位。」在國際比較中，我們更加增強了中國特色社會主義道路自信！

（四）小結

中國共產黨不僅是中國革命的中流砥柱，同樣也是領導中國建設現代化事業的中流砥柱。改革開放 40 年，中國經歷了人類歷史上最為波瀾壯闊的現代化進程。在這一進程中，基本沒有出現嚴重的社會對立與動盪，這在人類歷史上絕無僅有。歷史上，西方主要大國崛起的歷程幾乎就是一部社會劇烈動盪乃至戰爭的歷史。之所以中國共產黨具有中流砥柱的作用，是因為中國共產黨與西方政黨性質完全不同。二者最大的差別在於，西方政黨是代表不同利益集團進行相互競爭的政黨，而中國共產黨本質上是代表人民整體利益，追求民族復興的政黨。如果中國共產黨也像西方政黨那樣，不是代表人民的整體利益，而是只代表部分人利益的話，早就被人民所拋棄了。

中國道路以「具體問題具體分析」和「走自己的路」的方式，超越了「蘇聯模式」的弊端，不同於冷戰結束蘇聯的發展道路。應該說，「蘇聯模式」作為人類文明史上首創的一種國家政治制度和經濟模式，

曾經創造過蘇聯經濟奇跡，讓全世界對社會主義制度刮目相看，尤其對 20 世紀 30 年代資本主義克服自身危機起過重大的借鑒作用。中國建國初期也曾一度模仿過「蘇聯模式」，推行高度集中的計劃經濟體制，取得了巨大的社會主義改造和建設成就。但中國在進行社會主義建設的艱辛實踐中，也清醒地認識到「蘇聯模式」的弊端，並努力探索具有中國自己獨特特色的社會主義道路，果斷做出了改革開放的偉大抉擇。中國的社會主義市場經濟體制的確立，成為中國道路最終突破並超越「蘇聯模式」的重要標誌。

中國道路成功打破了對西方發展道路的迷信，既包括對「蘇聯模式」的崇拜，也包括對資本主義道路的迷信。幾百年來，西方國家以歐洲中心主義和西方中心主義的態度，把自己的制度和道路奉為正統，形成一種強制邏輯和霸權意識形態，認為世界上只有唯一正確的一條現代化道路，舍此再無他途。然而，中國道路的成功恰恰說明，獨立自主地選擇符合本國國情的發展道路可以走得通，而且在與其它盲從的國家發展情況相比，要比盲目追隨西方道路走得更好，能夠以更小的代價實現現代化。

英國劍橋大學學者彼得‧諾蘭在《處在十字路口的中國》一文中指出：「中國自己的生存可能提供了一座燈塔，作為對美國主導的走向全球自由市場原教旨主義衝動的一種替代選擇，從而促進全球的生存和可持續發展。這不僅是中國的十字路口，而且是整個世界的十字路口。」[1] 英國知名學者馬丁‧雅克在《當中國統治世界》一書中認為：「中

---

1 ［英］彼得 ‧ 諾蘭：〈處在十字路口的中國〉，載於周豔輝主編：《增的迷思：海外學存論中國經濟發展》，中央編譯出版社 2011 年版，第 14 頁。

國將提供西方模式的替代品，包括完全不同的政治傳統、後殖民時代
的發展中國家、共產黨政權、高度成熟的治國方略和儒家傳統。」[1]曾
經提出「歷史終結論」的福山，2009 年初在接受日本《中央公論》記
者專訪時承認：「客觀事實證明西方自由民主可能並不是歷史進化的
終點，隨著中國的崛起，所謂『歷史終結論』有待進一步推敲和完善，
人類思想寶庫需要為中國傳統留有一席之地。」[2]俄羅斯科學院院士季
塔連科在《中國找到了一條符合國情的發展道路》一文中也認為：「中
國的成功具有巨大的國際意義，讓人們有信心解決本國的問題。說中
國經驗有國際意義，並不是要簡單地重複中國的經驗，而是為其他國
家的人民提供了思索的源泉。中國的實踐證明，經過 30 年的改革開放，
中國不僅解決了本國的問題，也為全世界樹立了榜樣。」[3]

　　通過回顧黨的艱辛發展歷程和團結帶領全國各族人民革命、建設
和改革的偉大歷史，回顧十八大以來取得的改革成就，對比中國與外
國近年來的發展現狀，歷史和現實再次雄辯地證明：沒有共產黨就沒
有新中國，只有社會主義才能救中國，只有中國特色社會主義才能發
展中國；中國特色社會主義，是科學社會主義理論邏輯和中國社會發
展歷史邏輯的辯證統一，其形成是合理的，成就是輝煌的，發展是有
規律的，取得更大勝利是必然的。我們要不斷增強道路自信，堅定不

1 ［英］馬丁・雅克著，〈當中國統治世界：中國的崛起和西方世界的衰落〉，中
　信出版社 2010 年版，第 287 頁。
2 轉引自徐崇溫：〈國外近期關於「中國模式」的研究動向〉，《紅旗文稿》2010
　年第 17 期。
3 轉引自〈中國模式的形成、內涵和特徵——訪中國社會科學院馬克思主義研究院特
　聘研究員徐崇溫〉，《馬克思主義研究》2010 年第 9 期。

移地朝著全面建成小康社會的奮鬥目標邁進，中國共產黨比歷史上任何時期都更有信心、有能力實現中華民族偉大復興這個最偉大的夢想。在 21 世紀上半葉，中國共產黨要團結帶領人民繼續在中國道路上前進，實現「兩個一百年」奮鬥目標，再創中華民族偉大復興征程上的新的輝煌。

第三章

中國共產黨最有理由自信──理論自信

　　理論是旗幟，旗幟是方向，方向一致，力量才齊，方向正確，軍心才穩，成功才可期待。在「四個自信」中，理論自信是強大的思想支撐與精神保障，令人自信的理論則是指導中國特色社會主義事業的「偉大工具」。2017年7月26日，習近平同志在省部級主要領導幹部專題研討班上強調：「我們堅持和發展中國特色社會主義，必須高度重視理論的作用，增強理論自信和戰略定力。」[1] 中央提出理論自信是有特定時代原因的，當今的中國比歷史上任何時刻都更加開放，更具有活力，這種開放與活力也深刻體現在思想層面上。當今中國除了中國特色社會主義思想之外，還有老左派思潮、新左派思潮、自由主義思潮、民主社會主義思潮、民族主義思潮、新儒家思潮、民粹主義思

---

[1] 〈在省部級主要領導幹部「學習習近平總書記重要講話精神，迎接黨的十九大」專題研討班開班式上的講話：高舉中國特色社會主義偉大旗幟，為決勝全面小康社會實現中國夢而奮鬥〉，《人民日報》2017年7月28日第1版。

潮、基督教思潮等。各種思潮激蕩，標誌中國思想界進入
了一個群雄初期的春秋時代。[1]尤其是隨著我國全面進入新
媒體時代，思潮多元化加上傳播便利化，面對各種思潮不
斷衝擊，8900 多萬共產黨員如何堅定理論自信，如何正確
堅持和發展馬克思主義，如何始終確保馬克思主義牢牢佔
據意識形態領導地位？這些問題不但是敏感的政治問題，
也是深層的理論問題，並且首先是深層的理論問題。理論
源自於實踐，因此回答這個問題，我們只有回到波瀾壯闊
的中國特色社會主義偉大實踐當中去。

一、為何我們對自己的理論不夠自信?
——從馬克思主義「過時論」談起

（一）馬克思主義「過時論」暗藏的邏輯悖論

在當今中國，每當說到改革開放的貢獻者，許多人會首先想到改
革開放的「總設計師」鄧小平。尤其是那部分正巧趕上改革開放政策
先富起來的群體，每當提到鄧小平，總會由衷地表示感激與欽佩。然
而現實中卻常常存在這樣一種現象：往往越是先富起來的群體，越容
易表現出對馬克思主義的質疑。他們認為改革開放的成功主要是由於

---

1 馬立誠：《當代中國巴中社會思潮》，社會科學文獻出版社，第 2 頁。

中國引用了當代西方資本主義國家的先進理論，中國現存的問題則主要源於「思想解放」不足。而所謂的「思想解放」不足，常常泛指我國存在所謂「計劃經濟思維」「意識形態壟斷」「一黨集權」等非西方的做法。在他們看來，馬克思的政治經濟學算不上真正意義上的現代經濟學，中國實施的民主法治形式也跟不上時代的潮流，總之，馬克思主義似乎是中國順利走向世界民族之林，成為世界主流國家的最大精神阻礙。

毫無疑問，中國的現代化進程離不開西方現代理論，因為即便是作為今天中國共產黨指導思想的馬克思主義，本身也是屬於西方現代思潮的範疇。問題是，人們對中國現代化進程中的成就與不足進行歸因的時候，往往習慣於一種非此即彼、二元對立的思維。即：一方面將改革的成就簡單歸因於「拿來的」東西；另一方面將改革中的問題與不足簡單歸因於已有的東西，久而久之，形成了「拿來的」東西總會勝過於已有的東西的信念。

這種現象的存在有其特殊的歷史和邏輯背景。作為中國共產黨長期指導思想的馬克思主義理論，在革命戰爭年代取得過輝煌成就，然而在新中國成立以後的一段時間裡，由於受「左」傾的影響，馬克思主義卻一度名存實亡。尤其在十年「文革」浩劫期間，雖然表面上曾一度出現了「全民學哲學」的盛況，但事實上馬克思主義理論非但不能夠在實踐中健康發展並正確指導實踐，反而被嚴重篡改和歪曲利用，導致教條主義、主觀主義、個人英雄主義盛行，對我國經濟社會健康發展形成了嚴重的負面影響。以中國共產黨第十一屆三中全會為轉捩點，全黨開始在各領域進行撥亂反正，包括理論工作在內的一系列工作才得以重新回歸正軌。中國共產黨第十一屆六中全會通過《關

於建國以來黨的若干問題的決議》，澄清了一系列理論問題。如關於階級鬥爭、主要矛盾、人民民主專政等問題的闡釋，對個人崇拜的批判和正確對待無產階級領袖在歷史上的地位和作用，以及對所謂「無產階級專政下繼續革命」提法的否定等。中央以《決議》的形式支持理論工作撥亂反正，對馬克思主義理論的發展產生了重大而深遠的影響，使曾經一度被歪曲和荒廢的馬克思主義理論在改革開放的實踐中得以再次發揮正確指導作用。

然而，「左」傾思潮尤其是「十年動亂」使得馬克思主義理論形象和尊嚴受到了嚴重損害。當人們反思「左」傾、反思文革災難時，往往對這段特殊時期的指導思想心存芥蒂，而這種情緒極易遷移到對整個馬克思主義理論體系的判斷中去，從而形成對整個馬克思主義理論體系的質疑。此外，隨著改革開放步伐的不斷深入和全黨工作中心向經濟建設轉移，人們普遍將注意力轉移到與經濟建設相關的領域中來，「全民學哲學」的盛況一去不返。在各大學，馬克思主義理論學科則由空前熱門學科轉變為空前冷門學科。到 20 世紀 90 年代，甚至連國內一些重點名牌高校的馬克思主義理論學科，也一度因為招不到學生而備受困擾。而與此相反，經濟類相關專業卻日益成為熱門專業。尤其隨著西方經濟、政治、管理等學科大量進入我國高校課程，以及伴隨著代表西方強大綜合實力的高科技商品湧入我國，西方思想、理論受到空前熱捧。而與此同時，由於改革開放帶來了思想和價值的多元化，在這種多元化的衝擊下，黨內一部分領導幹部理想信念滑坡，黨性宗旨喪失，生活作風腐化，嚴重脫離群眾，有的甚至觸碰黨紀國法，大搞貪污腐敗，形成了十分惡劣的社會影響，嚴重抹黑和損害共產黨的形象。受此影響，中國共產黨選擇的道路和制度，黨倡導的價

值和宗旨、施行的一些政策和措施，在一些領域特別是在個別基層地方失去了應有的公信力和說服力，由此必然導致人們對馬克思主義的真理性產生懷疑。

正是在這樣的背景之下，當人們從理論上對中國改革開放的得與失進行歸因時，極容易將成功的部分簡單歸因於當代西方資本主義國家理論的引進，而將問題與不足簡單歸因於馬克思主義理論的錯誤。然而他們卻忽略了：中國之所以能夠成功學習和借鑒西方之長從而取得改革開放的成功，正是在中國共產黨的正確領導下實現的，而指導中國共產黨學習和借鑒西方之長的，正是馬克思主義。改革開放過程中，中國共產黨積極借鑒西方思潮，這本身並不意味著馬克思主義理論過時，並不是拋棄馬克思主義轉而擁抱西方理論。馬克思主義理論的一個重大特徵，就是它的高度開放性，它並不排斥人類一切優秀文明成果，相反，正因為從馬克思主義理論創立的那一天起，就始終堅持充分吸收人類文明的一切優秀成果，才使其得以如此有力並長盛不衰。因此，中國共產黨在改革開放進程中秉承實事求是、與時俱進的原則不斷吸收西方發達資本主義社會的先進經驗、先進做法，非但不是對馬克思主義的貶低與廢棄，相反，恰恰是恢復了馬克思主義的鮮活生命力。改革開放過程中，應該被拋棄的是那些關於特殊歷史時期的不合時宜的「馬克思主義教義」，而不是真正的馬克思主義科學真理。此外，因為一些人還過度解讀了中國共產黨自身建設中存在問題的原因，錯誤將黨內一定時期內出現的作風問題、貪污腐敗問題集中爆發的現象歸因於馬克思主義的理論本身的問題。其實世界上任何一個政黨都可能出現自身建設上的問題，這更多是一個技術性的問題，它同政黨所遵循的理論並無太多直接的關係，因為沒有任何一個政黨從指

導思想上是必然作風不良或者貪污腐敗的。

　　鄧小平同志始終是堅定的馬克思主義信仰者。面對各種各樣的馬克思主義過時論，他說：「我相信，世界上贊成馬克思主義的人會多起來，因為馬克思主義是科學。」[1]並說，「馬克思主義是打不倒的。打不倒，並不是因為大本子多，而是因為馬克思主義的真理顛撲不破。」[2]由此可見，在實踐上欽佩與感激鄧小平，卻在理論上質疑與貶低鄧小平所用的指導思想——馬克思主義，是暗藏在現實中的一個邏輯悖論。

（二）「過時論」背後的西方中心主義理論陷阱

　　馬克思主義「過時論」背後的更深層原因是西方中心主義造就的理論陷阱。20世紀80年代末90年代初，由於蘇聯解體和東歐劇變，社會主義運動陷入空前低潮，西方以勝利者姿態為人類歷史定調。西方國家尤其是歐洲國家的一些媒體紛紛宣稱「馬克思主義已經死亡」「共產主義已經死亡」。美國學者法蘭西斯·福山更是在其1989年發表的《歷史的終結？》一文中宣稱冷戰結束意味著人類意識形態演變的終結，西方的自由民主將作為人類政府的最終形式和最高價值普遍化。「歷史終結論」是伴隨國際資本主義陣營對共產主義陣營冷戰的勝利而生的，它是成功者的豪言壯語，曾一度壟斷了後冷戰時期的歷史命名權，它成功將西方資本主義意識形態推上了歷史的最高峰，同時也

1《鄧小平文選》第三卷，人民出版社1993年版，第382頁。
2《鄧小平文選》第三卷，人民出版社1993年版，第382頁。

將西方中心主義的地位推上了歷史的最高峰。這種「振聾發聵」的思想對中國思想界的影響同樣是巨大的，許多國人就是在這樣的氛圍中不斷地動搖對馬克思主義的信念。然而歷史往前發展不過短短 20 年，實踐就已經證明這樣的斷言是一種多麼的狹隘和短視。曾因提出「歷史終結論」而名滿天下的福山本人，在 2008 年美國金融危機爆發後看到西方社會陷入經濟衰退、社會矛盾激化、政府反應遲鈍，而中國這邊卻風景獨好，不得不主動修正了他的觀點。他在新作《歷史的未來》一文中承認「中國領導人進行了一次異常複雜的社會轉型，從蘇聯式的中央集權計劃經濟轉為充滿活力的開放經濟，並且體現了驚人的政治能力——坦率地說，比最近美國領導人處理宏觀經濟的能力要高得多。許多人現在傾慕中國體制，不只是因為其經濟成就，還因為該國能夠及時做出宏大而複雜的決策，這與近些年美國和歐洲令人氣惱的決策無能現象形成鮮明對照。」[1] 該文批評西方自由市場與小政府理念正面臨困境，抱怨如今的西方社會左翼缺席，「過去兩代人當中，主流左翼思想既沒提出概念框架，也沒拿出社會動員的強有力工具。馬克思主義已經於多年前死去，少數老派馬克思主義者只想著照顧家務。學院左派代之以後現代主義、多元文化主義、女性主義、批判理論和其他零零碎碎的思想，這些思想取向更多的是在文化層面，而非聚焦經濟問題。」[2] 他呼籲重建一種具有馬克思主義特徵的新的意識形態「新意識形態也許應該在某種程度上重新規劃國有部門，把它們從相關既得利益者手中解放出來，並且使用新技術手段來提供服務。人們將不

---

1 〈法蘭西斯・福山：歷史的未來〉，載於《社會觀察》2012 年，第 2 期。
2 〈法蘭西斯・福山：歷史的未來〉，載於《社會觀察》2012 年，第 2 期。

得不坦率地要求強化再分配機制並且找到一條終結利益集團主導政治的可行道路。」[1]

　　其實在西方知識份子當中，也一直不乏具備遠見卓識的有識之士。法國解構主義學說的代表人物雅克・德里達就曾在駁斥「馬克思主義已經死亡」的錯誤觀點時就指出，「今天的人，即使是從未讀過馬克思著作或不知道馬克思姓名的人，甚至那些反共產主義者或反馬克思主義者，不論他們承認與否，都自覺或不自覺地是馬克思遺產的繼承人。」[2]盧卡奇早在 20 世紀 30 年代就曾指出：「在馬克思出現以後的時代，認真研究馬克思應當是每個抱嚴肅態度的思想家的中心問題，掌握馬克思的方法和成果的方式和程度決定著他在人類發展中的地位。」[3]海德格爾也曾指出：「不管人們以何種立場來看待共產主義學說及其基礎，從存在的歷史的觀點看來，一種對有世界歷史意義的東西的基本體驗已經在共產主義中確定不移地說出來了。」薩特雖然主張用存在主義來補充馬克思主義，但也坦然承認：「馬克思主義的生命力遠不是已經枯竭了，它還年輕，甚至還在童年，似乎剛剛開始發展，所以它依然是我們時代的哲學，它是不可超越的，因為產生它的那些歷史條件還沒有被超越。」[4]阿爾都塞則說：「歷史已經把我們推進了理論的死胡同，為了從中脫身，我們必須探討馬克思的哲學思

1〈法蘭西斯　・　福山：歷史的未來〉，載於《社會觀察》2012 年，第 2 期。

2 張慧君：〈法國馬克思主義研究的新動向〉，載《馬克思主義與現實》1994 年第 3 期，第 117 頁。

3《盧卡奇自傳》，社會科學文獻出版社 1986 年版，第 215 頁。

4《方法論的探求》，紐約：1963 年英文版，第 30 頁。

想。」[1]

當然，任何一種理論，都基於特定的前提和立場。許多時候人們選擇擁護哪一種理論，往往並不僅僅是一個純粹理論的問題，同時更是一個現實的問題，而在諸多現實問題中，最根本的又總是利益問題。因此從這個意義上而言，伴隨西方中心主義而出現的西方話語霸權，背後的實質不過是西方資本主義近代以來一直追求並且始終保持著的西方經濟、政治、科技、文化及軍事等各方面強權和霸權主義的自然延伸或呈現。話語權爭奪的背後是經濟、政治、科技、文化及軍事等綜合實力的現實較量。不得不承認的是，當今世界的絕大多數話語權仍然主要由西方資本主義國家佔據著，這同當今西方資本主義世界的綜合實力仍處於絕對優勢是相匹配的。中國改革開放以來，特別是中國共產黨十八大以來，隨著我國綜合實力持續快速提升，國際影響力持續增強，中國日益走近世界舞臺的中央，長期以來以我們一直缺乏話語權的局面正逐步改觀。馬克思主義也因此重新受到了國際社會越來越多的重視，表現出勃勃生機。然而令人遺憾的是，西方中心主義的思維邏輯在我國仍然有很深的影響，不少人對馬克思主義缺乏自信，附和馬克思主義「過時論」。導致這種情況的原因，一個主要方面是因為部分人對馬克思主義淺嘗輒止、蜻蜓點水般地研究。正如習近平總書記在哲學社會科學工作座談會上指出的那樣，「有的人馬克思主義經典著作沒讀幾本，一知半解就哇啦哇啦發表意見，這是一種

1〈保衛馬克思〉，倫教：1977 年英文版，第 21 頁。

不負責任的態度，也有悖於科學精神。」[1]另一方面則難免與部分群體的利益訴求有關。

（三）當代中國的馬克思主義是與時俱進的科學理論

當代中國的馬克思主義以鄧小平理論為根本開端、原則和基調，總稱為中國特色社會主義理論體系。中國特色社會主義理論體系雖然以西方資本主義及其理論為重要吸收借鑒對象，但並沒有陷入「西方中心主義」的理論陷阱。相反，它始終堅持馬克思主義實事求是的方法論，始終堅定社會主義的基本價值和信仰，始終堅守獨立思考的珍貴品格。

一是在方法論上，中國特色社會主義理論體系是在堅持實事求是基礎上開啟的改革開放理論探索。今天我們回顧總結改革開放的歷程，可以發現迄今為止的整個改革開放進程，始終貫穿著馬克思主義理論的精髓要義。例如，中國改革開放的許多成功做法都是源於基層群眾的創新，安徽小崗村創造的家庭聯產承包制是人民群眾智慧的結晶。中國搞經濟特區實驗，本質上也就是延續小崗村的創新模式，即給政策、給環境，充分相信群眾的智慧，鼓勵群眾自己創新創造。這種做法充分體現了唯物史觀關於人民群眾是真正的英雄，是歷史的劇作者和劇中人的觀點，以及實踐是檢驗真理唯一標準的認識論觀點。也正因為堅持了實踐標準，中國在學習借鑒西方理論和經驗過程中，始終

1〈在哲學社會科學工作座談會上的講話〉，載於《新華網》2016 年 5 月 18 日，（網址：http://news.xinhuanet.com/2016-05/18/c_1118891128.htm）

強調堅持「拿來主義」，不唯書、只為實，從來旗幟鮮明反對全盤照搬照抄西方模式。與此同時，中國的改革開放之所以能夠長期健康發展，改革、發展、穩定的關係之所以能夠始終保持平衡，同中國共產黨始終堅持主次緩急有別、循序漸進改革等改革策略密切相關，充分體現了馬克思主義唯物辯證思維。

　　二是在價值觀上，中國特色社會主義理論體系是在始終堅持四項基本原則的基礎上推進理論創新。例如鄧小平的改革開放理論始終緊緊圍繞「什麼是社會主義」和「怎樣建設社會主義」這個主題展開的。為此，小平同志對社會主義本質作了深刻論述，即：社會主義的本質，是解放生產力，發展生產力，消滅剝削，消除兩極分化，最終達到共同富裕。確立了社會主義初級階段的基本路線和目標：領導和團結全國各族人民，以經濟建設為中心，堅持四項基本原則，堅持改革開放，自力更生，艱苦創業，為把我國建設成為富強、民主、文明的社會主義現代化國家而奮鬥。在判斷一切工作得失標準時，又提出了著名的「三個有利於」思想。即：判斷各項工作是否正確的標準，是看「是否有利於發展社會主義社會的生產力，是否有利於增強社會主義國家的綜合國力，是否有利於提高人民的生活水準。」在鄧小平改革開放理論的延長線上，中國共產黨數十年來的歷任中央領導集體緊緊圍繞鄧小平理論所堅持的根本宗旨、目標、原則和方法，結合不同時期形勢需要，先後提出和發展了「三個代表」重要指導思想、科學發展觀以及新時代中國特色社會主義思想，從不同方面不斷豐富和發展了鄧小平理論，逐步形成了適合中國實際、具有中國特色的當代中國馬克思主義理論體系——中國特色社會主義理論體系。通過這些例子我們可以看到，以中國特色社會主義理論體系始終牢牢堅守馬克思主義基

本觀點、方法和立場以及社會主義的根本價值。在改革戰略佈局上始終牢牢抓住發展生產力這個根本矛盾，並在此基礎上不斷大膽創新生產方式、變革生產關係，大手筆佈局改革進程，展現了極其高超嫻熟的馬克思主義理論應用水準。中國特色社會主義理論體系充分彰顯了馬克思主義理論的科學品質和特徵，體現了中國共產黨極強的理論定力和極高的理論自信。

三是在獨創性上，中國特色社會主義理論體系是當今世界上最能獨立思考、最具獨創精神的治國理政思想之一。中國是當今世界上極少數敢於實事求是地探索自身發展道路的社會主義國家。然而也正因為如此，一些人常常感到中國與世界似乎總是格格不入，感到自己仿佛被世界主流陣營孤立了，因此而萌生出道路、理論、制度和文化的自卑心態。基於這樣的自卑心態，一些人熱衷於追逐西方的時髦理論。甚至常常通過以西方時髦理論反對和質疑馬克思主義來自我標榜獨立思考和自由人格。然而他們卻恰恰忘了，治國理政畢竟不是趕時髦，治國理政思想的好壞也不在於是否夠時尚。馬克思說：「正確的理論必須結合具體情況並根據現存條件加以闡明和發揮。」[1]其中最經典的例子莫過於《共產黨宣言》裡的這段論述：「法國的社會主義和共產主義的文獻是在居於統治地位的資產階級的壓迫下產生的，並且是同這種統治作鬥爭的文字表現，這種文獻被搬到德國的時候，那裡的資產階級才剛剛開始進行反對封建專制制度的鬥爭。德國的哲學家、半哲學家和美文學家，貪婪地抓住了這種文獻，不過他們忘記了：在這

1《馬克思恩格斯全集》第 27 卷，人民出版社 1972 年版，第 433 頁。

種著作從法國搬到德國的時候，法國的生活條件卻沒有同時搬過去。在德國的條件下，法國的文獻完全失去了直接實踐的意義，而只具有純粹文獻的形式。它必然表現為關於真正的社會、關於實現人的本質的無謂思辨。」[1]在馬克思主義看來，任何脫離了具體歷史實際的理論，即便其內在邏輯再完美，在實際面前其最終的命運只能是流於空轉。在這一點上，中國共產黨多數時候都具有清醒的認識。毛澤東同志曾說：我們的態度是批判地接受我們自己的歷史遺產和外國的思想。我們既反對盲目接受任何思想也反對盲目抵制任何思想。我們中國人必須用我們自己的頭腦進行思考，並決定什麼東西能在我們自己的土壤裡生長起來。習近平同志指出：「當代中國的偉大社會變革，不是簡單延續我國歷史文化的母版，不是簡單套用馬克思主義經典作家設想的範本，不是其他國家社會主義實踐的再版，也不是國外現代化發展的翻版，不可能找到現成的教科書……一切刻舟求劍、照貓畫虎、生搬硬套、依樣畫葫蘆的做法都是無濟於事的。」[2]「只有以我國實際為研究起點，提出具有主體性、原創性的理論觀點，構建具有自身特質的學科體系、學術體系、話語體系，我國哲學社會科學才能形成自己的特色和優勢。」[3]因此，儘管一些國內學者時常指責中國人缺乏獨立之精神、自由之思想，可他們本身卻常常沒有做到這一點。當他們站在西方巨人的肩膀之上進行思考的時候，常常忘了這些巨人們畢竟是

---

1 《馬克思和恩格斯文集》第 2 卷，人民出版社 2009 年版，第 57-58 頁。

2 〈在哲學社會科學工作座談會上的講話〉，載於《新華網》2016 年 5 月 18 日，http://news.xinhuanet.com/2016-05/18/c_1118891128.htm。

3 〈在哲學社會科學工作座談會上的講話〉，載於《新華網》2016 年 5 月 18 日，http://news.xinhuanet.com/2016-05/18/c_1118891128.htm。

站在西方土地之上進行思考的。沒有認識到，真正的獨立之精神只會生長於自己腳下的土地，真正的自由之思想總是源自於腳踏實地進行的思考。從這個意義上而言，當代中國的馬克思主義是真正敢於獨立思考、不迷信、不盲從、特立獨行的理論，是真正具有獨立之思想和自由之精神的真理，而真理從來不需要刻意追逐潮流，它只會引領世界的潮流。

以上事實充分說明，在當今時代，馬克思主義非但沒有「過時」，反而是再次煥發了勃勃生機。為此我們應該重溫馬克思的那句話——「辯證法不崇拜任何東西」。在那些擁有完美邏輯體系的西方時髦理論面前，我們應始終保持批判揚棄的科學態度，警惕各種「幼稚病」「教條病」和「流行病」，始終保持我們的理論自信和戰略定力。

二、為何我們最有理由聲稱理論自信?
——談談馬克思主義為何長盛不衰

(一)馬克思主義理論具有最深厚的人文性

19世紀40年代的歐洲，一切舊勢力空前聯合起來，共同圍剿一個可怕的「幽靈」。這個可怕的「幽靈」，時常以密謀的形式策動各種針對權貴階級的激進事變，目的是說明產業工人從資本家那裡掙得更多的權利，從而攪得整個歐洲上層世界不得安寧，對之又恨又懼。這個「幽靈」就是共產主義——19世紀30-40年代起逐漸盛行於歐洲

產業工人群體當中的激進的革命運動和革命思潮。當歷史的車輪轉到
1848 年初，由馬克思和恩格斯共同起草的《共產黨宣言》公開發表並
被迅速翻譯為多國語言，標誌著科學社會主義理論正式誕生，共產主
義運動由秘密轉為公開。從 1848 年《共產黨宣言》發表、無產階級同
資產階級第一次搏鬥並失敗，到「第一國際」成立和巴黎公社短暫奪
取國家政權；從社會主義工人政黨在世界各國的建立和工人運動廣泛
發展，到「第二國際」成立及其分裂與消亡；從俄國「十月革命」勝利「第
三國際」成立，到 20 世紀中葉世界社會主義國家陣營的興起和衰落；
從東歐劇變、蘇聯解體、社會主義運動暫時陷入低潮，到中國特色社
會主義事業煥發蓬勃生機。馬克思主義自誕生以來，儘管一直伴隨各
種懷疑、曲解、打壓、背叛、誹謗，甚至毀滅性圍剿，其命運可謂曲折
坎坷，但卻始終能夠保持經久不衰，始終挺立於歷史時代的潮頭，持
續不斷地解答人類歷史（不僅僅為無產階級，同樣也為資產階級）進
程中的各種困惑，提供富有開創性的解決方案。迄今為止，世界上還
沒有哪一種理論能夠像馬克思主義這樣對人類歷史進程產生如此現實
而深遠的影響，也沒有哪一種理論能夠像馬克思主義這樣對人類思維
方式形成如此潛移默化的影響與滲透，歷史雄辯地證明，馬克思主義
既不愧為「解釋世界」的科學學說，更不愧為「改變世界」的實踐學說。

　　由此人們不禁要問，馬克思主義有何特別之處？它的生命力為何
如此強大？這首先要從它的「初心」即人民性談起。19 世紀 40 年代的
歐洲，正是歐洲資本主義野蠻地進行資本原始積累的時期，資本家對
產業工人的無情剝削達到了無以復加的地步。「資本來到世間，從頭

到腳，每個毛孔都滴著血和骯髒的東西。」[1]資本家的剝削引起歐洲各國產業工人此起彼伏的抗爭，如著名的歐洲三大工人運動（法國的里昂絲織工人起義、英國的憲章運動、德國的西里西亞紡織工人起義）。然而，由於缺乏科學的理論作指導，使得各種抗爭運動呈現出分散、短視、低效的特徵，產業工人受剝削和壓迫的悲慘境遇始終無法得到根本的改觀。由於深刻同情產業工人的悲慘境遇，馬克思和恩格斯決心投身於無產階級的解放事業，這就是他們的「初心」。1847年底，他們在專門為「共產主義者同盟」起草的綱領性文件《共產黨宣言》中說，共產黨「沒有任何同整個無產階級的利益不同的利益。他們不提出任何特殊的原則……共產黨人同其他無產階級政黨不同的地方只是：一方面，在無產者不同的民族的鬥爭中，共產黨人強調和堅持整個無產階級共同的不分民族的利益；另一方面，在無產階級和資產階級的鬥爭所經歷的各個發展階段上，共產黨人始終代表整個運動的利益。」[2]無產階級人口占社會總人口的絕大多數，本應該成為歷史的真正主人。然而，由於這股力量分散於不同國家、不同城市、不同產業資本家的工廠當中，他們的組織關係被天然地分割了，他們的力量因此被分散了，由於彼此之間缺乏統一的理論和統一的組織來領導，他們之間缺乏合作，他們的命運分別被各自頭頂上的剝削階級牢牢掌控著，他們當中此起彼伏的星星之火般的抗爭運動始終無法形成燎原之勢。正如馬克思後來說的，工人階級的解放「既不是一個地方的問題，也不是一個國家的問題，而是涉及存在現代社會的一切國家的社會問

---

1 《馬克思和恩格斯選集》第5卷，人民出版社2009年版，第871頁。
2 《馬克思和恩格斯文集》第2卷，人民出版社2009年版，第44頁。

題，它的解決有賴於最先進的國家在實踐上和理論上的合作。」[1] 歷史亟須一個能夠代表各國無產階級共同利益、並且具有科學革命理論的組織，由該組織團結帶領各國無產階級聯合起來，共同衝破資本主義非人制度的牢籠，獲得自由與解放。馬克思主義與共產主義者同盟正是順應這股時代趨勢應運而生。

　　其實，馬克思早在 1844 年就已經比較集中地表達了他對於實現人類解放的「初心」。在《1844 年經濟學哲學手稿》這一著作當中。馬克思深刻分析了資本主義社會人的勞動異化現象及其本質。文章指出，真正的人的勞動應該是一種擺脫了肉體需要的活動，是人自由地面對自己的產品，是人按照美的規律來構造對象，使自然界表現為人的作品和人的現實，是人在自己所創造的世界中直觀自身，是人對自己的肯定，因此勞動應該是一種享受，是人的真正本質的自由展現。但是現實中的情況卻是，「工人生產得越多，他能夠消費的越少；他創造的價值越多，他自己越沒有價值、越低賤；工人的產品越完美，工人自己越畸形；工人創造的對象越文明，工人自己越野蠻；勞動越有力量，工人越無力；勞動越機巧，工人越愚笨，越成為自然界的奴隸。……勞動為富人生產了奇跡般的東西，但是為工人生產了赤貧。勞動生產了宮殿，但是給工人生產了棚舍。勞動生產了美，但是使工人變成畸形。勞動用機器代替了手工勞動，但是使一部分工人回到野蠻的勞動，並使另一部分工人變成機器。勞動生產了智慧，但是給工人生產了愚鈍和癡呆。」[2]「勞動對工人來說是外在的東西，也就是說，不

1《馬克思和恩格斯文集》第 3 卷，人民出版社 2009 年版，第 226 頁。
2《馬克思和恩格斯文集》第 1 卷，人民出版社 2009 年版，第 158-159 頁。

屬於他的本質；因此，他在自己的勞動中不是肯定自己，而是否定自己，不是感到幸福，而是感到不幸，不是自由地發揮自己的體力和智力，而是使自己的肉體受折磨、精神遭摧殘。」[1]「異化勞動把自主活動、自由活動貶低為手段，也就把人的類生活變成維持人的肉體生存的手段。」[2]最後，「人同自己的勞動產品、自己的生命活動、自己的類本質相異化的直接結果就是人同人相異化。」因為，「當人同自身相對立的時候，他也同他人相對立。」正因此，馬克思認為，現實中人的這種非人狀態是極不道德的，極不正義的、極不合理的，人們應該積極揚棄這種異化狀態，努力爭取自身的真正權利和自由，實現自己真正的本質。而想要達到這樣的目標，就必須借助於現實的革命行動。事實證明，正因為馬克思主義從一開始就以占社會人口多數的無產階級的解放為「初心」，並且為當時的無產階級提供了實現這一「初心」相對最為合理的行動方案。所以《共產黨宣言》一經發佈就被翻譯成多國語言，很快獲得了各國無產階級的廣泛支持和呼應。各國無產階級由此成為它的「物質載體」，它則成為了各國無產階級理論的「頭腦」，無產階級分散而無序的力量在它的號召與組織之下很快被整合起來，形成一股磅 的革命力量。馬克思主義誕生一百多年來的歷史反復證明，它的生命力始終根植於它的人民性之上，什麼時候它的人民性受到了歪曲和遮蔽，它的發展就會迎來嚴峻挑戰，什麼時候它的人民性得到了充分發揚，它的發展就會煥發勃勃生機。蘇聯馬克思主義的興衰史極好地說明了這個道理。1917 年，當列寧領導俄國布

1《馬克思和恩格斯文集》第 1 卷，人民出版社 2009 年版，第 159 頁。
2《馬克思和恩格斯文集》第 1 卷，人民出版社 2009 年版，第 163 頁。

爾什維克黨奪取革命政權的時候，以及 20 世紀 40 年代初，當斯大林領導蘇聯紅軍保衛莫斯科的時候，蘇聯馬克思主義表現出了強大生命力，俄國革命和蘇聯社會主義建設取得了輝煌成就。這時候的蘇聯馬克思主義是真正代表人民的，它為人民而革命，為人民而建設，因此而得到了人民的廣泛擁護，為了保護布爾什維克黨和政府，人民不惜紛紛獻出寶貴的生命。然而，後來隨著蘇聯共產黨自身建設過程中各種尖銳問題的日益暴露且長期得不到糾正，如個人主義、官僚主義、腐敗之風盛行，重工輕農，瘋狂開展軍備競賽而不顧民生發展，人民生活水準長期得不到提高等，導致蘇聯馬克思主義逐漸走向僵化、走向腐化、走向了人民的對立面。1991 年，當蘇聯共產黨中央委員會宣佈解散蘇聯共產黨、主動放棄國家領導權的時候，竟然再無一人為了保衛這個政黨及其政權而做出任何激烈的反對，人們異常平靜地接受了這個結果，似乎在人們看來，蘇聯共產黨早該退出歷史的舞臺了。

　　中國共產黨自成立初期起，就始終堅持把人民性放在核心地位。中國共產黨十九大報告指出，實現中華民族偉大復興是近代以來中華民族最偉大的夢想。中國共產黨一經成立，就把實現共產主義作為黨的最高理想和最終目標，義無反顧肩負起實現中華民族偉大復興的歷史使命，團結帶領人民進行了艱苦卓絕的鬥爭，譜寫了氣吞山河的壯麗史詩。中國共產黨人的初心和使命，就是為中國人民謀幸福，為中華民族謀復興。這個初心和使命是激勵中國共產黨人不斷前進的根本動力。中國特色社會主義理論體系始終明確把人民作為理論的出發點和歸宿。鄧小平同志說，貧窮不是社會主義，兩極分化也不是社會主義。指出社會主義的本質應該是解放生產力、發展生產力、消滅剝削、消除兩極分化，最終達到共同富裕。江澤民同志說，總結我們黨

七十多年的歷史；可以得出一個重要的結論，這就是：我們黨所以贏得人民的擁護，是因為我們黨在革命、建設、改革的各個歷史時期，總是代表著中國先進生產力的發展要求，代表著中國先進文化的前進方向，代表著中國最廣大人民的根本利益，並通過制定正確的路線方針政策，為實現國家和人民的根本利益而不懈奮鬥。黨的十七大把科學發展觀理念寫進黨章，明確指出：科學發展觀第一要義是發展，核心是以人為本，基本要求是全面協調可持續性，根本方法是統籌兼顧。黨的十九大報告指出：新時代中國特色社會主義思想，明確新時代我國社會主要矛盾是人民日益增長的美好生活需要和不平衡不充分的發展之間的矛盾，必須堅持以人民為中心的發展思想，不斷促進人的全面發展，實現全體人民共同富裕。

（二）馬克思主義理論具有最嚴謹的科學性

馬克思主義是實踐的學說，其理論旨趣在於改變世界，理論的來源是人類的實踐。而以往的哲學，無論是唯物論還是唯心論，都有一個共同的問題：在歷史觀上是唯心主義的，即脫離人類具體實踐過程，企圖通過單純的思辨來解釋人類社會和自然界的歷史。由此導致的最典型的例子就是，作為德國古典哲學集大成者的黑格爾將自然史和人類史看作是「絕對精神」的自我展開、自我外化、自我實現的過程，將自然界和人類社會發展過程中的辯證法理解為概念的辯證法。馬克思和恩格斯批判了黑格爾這種唯心主義世界觀的錯誤，繼承了黑格爾辯證法的合理內核，同時又超越了費爾巴哈唯物主義的直觀性，創立了一種辯證、歷史、實踐的新唯物主義，主張從人的感性的實際生活

出發具體地、歷史地理解世界，並在實踐中論證人的認識的真理性。「人的思維是否具有客觀的真理性，這不是一個理論的問題，而是一個實踐的問題。人應該在實踐中證明自己思維的真理性，即自己思維的現實性和力量，自己思維的此岸性。關於思維──離開實踐的思維──的現實性或非現實性的爭論，是一個純粹經院哲學的問題。」[1] 這是因為，「全部社會生活在本質上是實踐的。凡是把理論引向神秘主義的神秘東西，都能在人的實踐中以及對這種實踐的理解中得到合理的解決。」[2]「在思辨終止的地方，在現實生活面前，正是描述人們實踐活動和實際發展過程的真正的實證科學開始的地方。關於意識的空話將終止，它們一定會被真正的知識所代替。」[3] 正因為馬克思主義拒絕把理論引向神秘主義，主張用感性的實踐來檢驗真理，這一主張同實證科學的主張是一致的，因此馬克思主義具有實證科學的特徵。也正因為本著這樣嚴謹的科學態度，馬克思關於人類解放的思想並沒有如以往許多人道主義思想家那樣，僅僅停留於一種悲天憫人的空洞情懷，或者僅僅停留於純粹的價值批判。為了使人的解放成為現實可能而不是一種空想、一種價值懸設，從 1845 年起，馬克思首先在《關於費爾巴哈的提綱》中首次提出了歷史唯物主義思想的綱領，隨後同恩格斯先後一道在《德意志意識形態》等著作中，進一步深刻闡述了他們的歷史唯物主義思想。如果說《1844 年經濟學哲學手稿》更多是從人性的角度、從人類社會發展的終極價值取向出發闡述人的異化

1《馬克思和恩格斯文集》第 1 卷，人民出版社 2009 年版，第 500 頁。
2《馬克思和恩格斯文集》第 1 卷，人民出版社 2009 年版，第 501 頁。
3《馬克思和恩格斯文集》第 1 卷，人民出版社 2009 年版，第 526 頁。

現象，那麼，歷史唯物主義則是從現實的人類生產活動出發，提出具體歷史階段上人的具體價值觀，並提供如何實現這一價值追求，從而揚棄人的異化的具體理論和方案。在《共產黨宣言》裡，馬克思恩格斯分析當時的工人階級現實境遇，認為工人的解放只能理解為經濟解放，即從資產階級那裡「爭取平等的權利和義務，並消滅一切階級統治。」[1] 馬克思分析說，「勞動者在經濟上受勞動資料即生活源泉的壟斷者的支配，是一切形式的奴役的基礎，是一切社會貧困、精神沉淪和政治依附的基礎；因而工人階級的經濟解放是偉大的目標。」[2] 這也就是為什麼在《共產黨宣言》中，馬克思和恩格斯明確指出，「共產黨人可以把自己的理論概括為一句話：消滅私有制。」[3]「共產黨人的最近目的是和其他一切無產階級政黨的最近目的一樣的：使無產階級形成為階級，推翻資產階級的統治，由無產階級奪取政權。」[4] 並號召「全世界無產者，聯合起來！」[5] 馬克思恩格斯在這裡之所以突出強調「最近的目的」，其實深刻反映了他們「改造世界的理論」的一個非常關鍵的思想，那就是：具體地、歷史地、辯證地分析和解決問題。這體現了他們對待自己理論的極其嚴謹的科學態度。他們認為，人們不可能提出超出自己的時代的問題，因為任何時代的問題都同該時代的一定實踐相關，在一定的實踐還沒有出現之前人們不可能預知與該實踐相關的問題。因此他們也反對貿然為未來時代可能碰到的問題提供具體

1《馬克思和恩格斯文集》第 3 卷，人民出版社 2009 年版，第 226 頁。
2《馬克思和恩格斯文集》第 3 卷，人民出版社 2009 年版，第 226 頁。
3《馬克思和恩格斯文集》第 2 卷，人民出版社 2009 年版，第 45 頁。
4《馬克思和恩格斯文集》第 2 卷，人民出版社 2009 年版，第 44 頁。
5《馬克思和恩格斯文集》第 2 卷，人民出版社 2009 年版，第 66 頁。

解決方案，因為任何問題和解決這個問題的辦法總是同時出現的，在問題本身還沒有充分顯露之前就貿然設想關於解決問題的答案，只能是以失敗告終。馬克思恩格斯的這一重大思想在中國化的語境中被通俗而深刻地解讀為：實事求是，一切從實際出發。馬克思恩格斯以後的真正馬克思主義者，都繼承和發展了這一優良傳統。而用以支撐這一傳統的，則是馬克思主義的科學方法論。恩格斯說，「馬克思的整個世界觀不是教義，而是方法。它提供的不是現成的教條，而是進一步研究的出發點和供這種研究使用的方法。」列寧說，「馬克思主義者從馬克思的理論中，無疑地只是借用了寶貴的方法。」這裡講的「方法」指的就是馬克思主義哲學思維方式中辯證的、歷史的、實踐的科學思維方式。正確運用這種思維方式可以科學地分析問題和解決問題，獲得關於某一問題的合理答案。但問題本身卻是不停變化的，在不同的時間和空間，看似一樣的問題常常會有截然不同的答案，這就需要人們重新運用科學的思維方式進行具體問題具體分析，而不能套用以往類似問題的現成答案。這實質上是告訴人們，正確對待馬克思主義，要把馬克思和恩格斯提出的普遍方法同他們作出的具體論斷區分開來。具體論斷體現的是不同時期理論的創新性，而創新依據的是馬克思主義的基本原理與方法。

　　正確繼承和發揚馬克思主義應該是繼承和發揚其基本精神、基本價值、基本方法，而不是具體論斷。直接套用馬克思和恩格斯在具體歷史階段中針對具體問題而作出的論斷是「教條主義」的做法。我們黨在歷史上曾經多次吃過「教條主義」的虧。王明「左」傾冒險主義的根源就是犯了教條主義的錯誤。1931 年 1 月黨的六屆四中全會上，王明在共產國際及其代表米夫的支持下取得了中央領導地位後，由於

缺乏對中國國情全面、深刻的認識，一味機械地照抄照搬蘇俄經驗，認為在蘇聯適用的策略在中國也一樣適用，先後在政治、軍事工作方面推向了一系列不切合當時中國革命實際的錯誤路線。結果在「左」傾路線統治的四年間，我黨白區組織幾乎全部喪失，紅軍和革命根據地損失百分之九十，直接導致第五次反「圍剿」失敗，紅軍被迫長征。「文化大革命」也曾導致黨內嚴重的「左」傾教條主義現象，人們忘掉了毛澤東同志親自強調的「事實求是」的科學精神，反倒把他對於具體問題的具體論斷全部當作顛撲不破的真理「語錄」拿來背誦。即便是「文革」結束後的一段時間裡，黨內仍受到「兩個凡是」思想的束縛。直到真理標準大討論的深入開展，全國上下才重新恢復了「實踐是檢驗真理的唯一標準」的馬克思主義正確指導思想。因此可見，任何一個真正的馬克思主義者都不可能脫離實際預言具體的未來，正如鄧小平同志所說的：「絕不能要求馬克思為解決他去世之後上百年、幾百年所產生的問題提供現成答案，列寧同樣也不能承擔為他去世以後五十年、一百年所產生的問題提供現成答案的任務。」馬克思自己曾明確指出他們的一些話會隨著時間的推移而變得不合時宜。如他在為《共產黨宣言》撰寫的《1872 年德文版序言》中說道：「不管最近 25 年來的情況發生了多大的變化，這個《宣言》中所闡述的一般原理整個說來直到現在還是完全正確的。某些地方本來可以做一些修改。這些原理的實際運用，正如《宣言》中所說的，隨時隨地都要以當時的歷史條件為轉移，所以第二章末尾提出的那些革命措施根本沒有特別的意義。如果是在今天，這一段在許多方面都會有不同的寫法了。由於最近 25 年來大工業有了巨大發展而工人階級的政黨組織也跟著發展起來，由於首先有了二月革命的實際經驗而後來尤其是有了無產階

級第一次掌握政權達兩月之久的巴黎公社的實際經驗，所以這個綱領現在有些地方已經過時了。」[1] 馬克思在這裡講到的「一般原理」就是指他們的哲學思維方法，即看待問題和分析問題的「方法論」。作為「方法論」的一般原理是工具，而作為結論的具體判斷，則需要以當時的歷史條件為轉移，需要具體問題具體分析。所以，只有學會馬克思主義的思維方式和「方法論」才是真正掌握了馬克思主義的「看家本領」。中國共產黨在理論問題上一貫強調這一正確的傳統。毛澤東同志曾說，我們「不但應當瞭解馬克思、恩格斯、列寧、斯大林他們研究廣泛的真實生活和革命經驗所得出的關於一般規律的結論，而且應當學習他們觀察問題和解決問題的立場和方法。」鄧小平同志曾說，我們「主要的是要用馬克思主義的立場、觀點、方法來分析問題，解決問題。馬克思主義的活的靈魂，就是具體地分析具體情況。馬列主義、毛澤東思想如果不同實際情況相結合，就沒有生命力了」。江澤民同志曾指出，「我們學習理論，關鍵要學會運用馬克思主義的立場、觀點、方法來觀察和解決問題，提高辯證思維的能力，防止形而上學和片面性。」胡錦濤同志曾指出，「不斷開創馬克思主義在中國發展的新境界，最重要的是始終堅持貫穿這個科學思想體系的活的靈魂，始終堅持馬克思主義立場、觀點和方法。」習近平總書記曾指出，「黨員領導幹部只有努力學習和掌握馬克思主義立場觀點方法，才能從根本上不斷提高自己的思想理論水準和辨別是非能力，增強認識世界和改造世界的能力，堅定中國特色社會主義信念和共產主義理想；才能

1《馬克思和恩格斯文集》第 2 卷，人民出版社 2009 年版，第 5-6 頁。

全面、正確地理解和貫徹黨的基本理論、基本路線、基本綱領、基本經驗和各項方針政策，堅定不移地繼續解放思想、堅持改革開放、推動科學發展、促進社會和諧，為奪取全面建設小康社會新勝利而奮鬥；也才能不斷改進工作作風和工作方法，增強工作的原則性、系統性、預見性、創造性，克服和避免搖擺性、片面性、盲目性，把自己的工作做得更好。因此，我們黨鄭重提出的黨員領導幹部要真學真懂真信真用中國特色社會主義理論體系的要求，既要求真學真懂真信真用這一理論體系的基本內容，又要求真學真懂真信真用貫穿其中的馬克思主義立場觀點方法。」[1]

這就是我們為什麼說，馬克思主義是「授人以漁」而非「授人以魚」。「漁」是常量，顛撲不破，需要持之以恆堅守；「魚」是變數，常變常新，需要因時因地更新。這就是馬克思主義理論永葆生機，永遠與時俱進，始終勇立潮頭的秘密所在。這樣，我們不就不難理解，為什麼雖然同是無產階級革命，但德國或法國無產階級革命的具體策略和理論不可能拿來直接指導俄國革命，俄國革命勝利的具體策略和理論同樣不適合拿來直接運用於中國的革命。在中國的改革開放和現代化建設過程中也是一樣的道理。中國學習西方必須始終堅持實事求是的精神，堅持拿來主義而不是全盤照搬照抄。那些深陷「西方中心主義」的人們正是在這一點上犯了錯誤，他們只看到西方的「魚」，卻忽略了馬克思主義的「漁」，因此，他們常常將改革開放的一切成功直接歸因於

---

1 習近平：〈深入學習中國特色社會主義理論體系　努力掌握馬克思主義立場觀點方法〉，《求是》，2007 年第 7 期。（本文是習近平同志 2010 年 3 月 1 日在中共中央黨校春季學期開學典禮上的講話，發表時有刪節。）

西方的「魚」，而將馬克思主義的「漁」連同馬克思主義以往打上來
的只剩下幾根骨頭的「魚」一同倒進大海裡面接受「批判」去了。其
實真正具有普世性的不是「魚」而是「漁」正如有的學者指出的那樣「西
方的『普世價值』號稱對世界都管用，但事實上，普世價值只是西方
一些國家區域性適用的價值，西方想把自己的價值向全世界推廣，導
致其他國家的動盪不安。中國強調『特色』，這『特色』背後反而更
具有公共意義和普遍性。因為這一特色看似是中國著眼於自身發展，
實際上遵循了世界發展的普遍規律，體現了世界發展的客觀要求。號
稱『普世』的並不普世，宣稱『特色』的反倒具有公共性，這一『悖論』
的背後其實是思維的高下之分。」[1]中國要想發展，中華民族要想復興，
只能結合中國實際探索出適合中國的道路，這是確保中國特色社會主
義道路和中國特色社會主義理論體系科學嚴謹的必然前提。

（三）馬克思主義理論具有最不竭的創新性

人們常說的馬克思主義既不是單純指馬克思本人的思想和學說，
也不是單純指馬克思和恩格斯所共同創立的學說，而是指以馬克思和
恩格斯為首創者，包括馬克思和恩格斯以及他們之後的自詡為馬克思
主義者的思想和學說流派。從世界範圍來看，主要存在的馬克思主義
流派包括西方馬克思主義，東歐馬克思主義，日本馬克思主義，蘇聯
馬克思主義以及中國馬克思主義。我們一般認為，馬列主義、毛澤東

---

1 辛鳴：〈中國理論自信背後是世界觀和思維方式的優勢〉，《人民論壇》2017年第4期。

思想、鄧小平理論、「三個代表」重要思想、科學發展觀、習近平新時代中國特色社會主義思想是迄今為止最能充分體現馬克思主義人文性、科學性、革命性，最徹底繼承和發展了馬克思主義的科學社會主義理想，最能解釋世界和改變世界，最具創造力和創新性，因而也是在實踐上取得了最輝煌成就的馬克思主義流派。

今天，回顧和對比馬列主義、毛澤東思想、鄧小平理論、「三個代表」重要思想、科學發展觀、習近平新時代中國特色社會主義思想這一發展脈絡，可以清楚地看到一脈相承與創新飛躍。馬克思恩格斯在吸收前人思想的基礎上，創立了辯證的、歷史的、實踐的唯物主義，開創了唯物主義的新河，使社會主義學說由空想變為科學，使人類歷史發展一般規律得以揭開，統一了認識論、邏輯學和辯證法，確立了科學的世界觀和方法論。列寧創造性地堅持和發展了馬克思恩格斯的思想，他準確判斷俄國經濟社會發展所處歷史方位，指出資本主義發展由自由競爭階段進入帝國主義階段，準確分析了這一發展階段的主要特徵，揭示了資本主義經濟政治發展不平衡的規律，創造提出社會主義可以首先在一國或數國取得革命勝利的理論。[1] 這一觀點表面上與馬克思恩格斯最初的論斷是截然對立的，但卻內在地堅持和發展了馬克思主義所主張的辯證地、歷史地、實踐地分析問題和解決問題的思想精髓，最終，十月革命的勝利印證了列寧這一理論的正確性。

---

1 在《德意志意識形態》《共產主義原理》和《共產黨宣言》等著作中，馬克思和恩格斯曾設想，社會主義革命將在一切文明國家裡，即至少在英、美、法、德等多個生產力發展水準很高的國家同時發生。之後，在這些取得社會主義勝利的先進國家的幫助下，某些落後國家可以超越資本主義獨立發展階段而走向社會主義。

此外，列寧還在經濟、政治、文化、黨的建設等一系列問題上提出了
許多具有創新性的新觀點和新主張，極大地豐富和發展了馬克思主義。
列寧把唯物辯證法看作是「革命的代數學」，堅持在俄國革命的具體
實踐中堅持和發展馬克思主義的辯證法，因此他的辯證法不是抽象
的，而是具體的，不是單純理性的，而是實踐的，不是超歷史的，而
是歷史的。列寧思想相對於馬克思恩格斯而言是理論上的一個飛躍，
它使科學社會主義第一次由理論變為現實，極大地推動了蘇維埃俄國
政權的鞏固和發展，為世界社會主義運動提供了寶貴借鑒，他的許多
理論對中國共產黨領導的革命和建設具有重大影響和啟發。

　　20世紀初，一群上下求索救亡圖存之道的中國有志之士受俄國十
月革命勝利的影響，認為中國的情況跟俄國的情況有諸多相似之處，
決心以俄為師，以馬克思主義為理論指南，成立了中國共產黨。在中
國革命實踐中成長和成熟起來的毛澤東思想以實事求是為其精髓，他
系統嚴謹分析了中國社會各階級的經濟地位和政治態度，國民革命和
農民運動特點，革命力量構成等，結合中國革命經驗與教訓提出了關
於中國新民主主義、社會主義革命以及社會主義建設的基本原則、方
法、策略、方針和步驟。實事求是、群眾路線、獨立自主是毛澤東思想
「活的靈魂」，其中實事求是是毛澤東思想的精髓，它高度濃縮了馬
克思主義辯證、歷史和實踐相統一的特性，在實事求是的基礎上，他
創建的黨建理論、對中國革命性質的分析、農村包圍城市武裝奪取政
權的革命道路、新民主主義和社會主義革命的策略、黨指揮槍的建軍
原則、機動靈活的戰爭指揮藝術、以及高超的政治、文化、外交理論
和策略等，是被實踐反復證明了的關於中國革命和建設的正確的理論
原則和經驗總結，是對馬克思列寧主義的繼承和發展的光輝典範，它

的誕生標誌馬克思主義理論的新飛躍。

　　20世紀末，資本主義發展又進入新的階段，社會主義陣營內部的一些問題和弊端陸續爆發，中國面臨改革開放還是繼續故步自封的兩種抉擇。值此關鍵時期，鄧小平改革開放理論應時代需要而生。鄧小平建設有中國特色社會主義理論主要包括社會主義的發展道路、階段、根本任務、發展動力、外部條件、政治保證、戰略步驟、領導力量和依靠力量理論，第一次比較系統地初步回答了中國這樣的經濟文化相對落後的國家如何建設社會主義以及如何鞏固和發展社會主義。他的許多令人耳熟能詳的理論，如市場經濟理論中的「計劃經濟不等於社會主義……市場經濟不等於資本主義……計畫和市場都是經濟手段」、社會主義本質論中的「貧窮不是社會主義、兩極分化也不是社會主義」，以及社會主義初級階段論、「三個有利於」標準、「貓」論、「小康」論、先富後富論、「一國兩制」論等理論，處處閃耀著馬克思主義科學方法論的光芒。世界社會主義國家陣營長期想回答這些問題但卻沒能夠正確回答，因此導致了革命或建設的許多失誤，付出了無比慘重的代價。鄧小平理論的一個最核心的貢獻是重新恢復了毛澤東思想實事求是的精髓，他敢於超越「姓社」與「姓資」的簡單二元對立，堅持從實際出發，從馬克思主義的人民立場出發，恢復了唯物辯證法的生命力，從而才得以準確判斷和平與發展的時代主題，並以此為出發點，做出改革開放的一系列重大而正確的決策部署。因此，鄧小平理論是馬克思主義在中國的又一次飛躍。鄧小平同志開創了中國特色社會主義理論的先河，初步回答了在中國這樣生產力發展相對落後的社會主義國家中，什麼是社會主義以及怎樣建設社會主義的問題。

　　以鄧小平理論為起點，在鄧小平理論的延長線上，中國特色社會

主義理論沒有停下創新和發展的腳步，中國共產黨的幾代領導集體又相繼豐富和發展了這一重要思想。黨的十三屆四中全會以來，以江澤民同志為主要代表的中國共產黨人，繼續秉承實事求是的科學精神，在建設中國特色社會主義的實踐中，加深了對什麼是社會主義、怎樣建設社會主義和建設什麼樣的黨、怎樣建設黨的認識，積累了治黨治國新的寶貴經驗，形成了「三個代表」重要思想。

黨的十六大以來，以胡錦濤同志為主要代表的中國共產黨人，堅持以鄧小平理論和「三個代表」重要思想為指導，根據國內外發展的新形勢，深刻認識和回答了新形勢下實現什麼樣的發展、怎樣發展等重大問題，形成了以人為本、全面協調可持續發展的科學發展觀。極大地推動了中國特色社會主義理論體系進一步深入和完善。

黨的十八大以來，以習近平同志為核心的黨中央順應時代發展，從理論和實踐結合上系統回答了新時代堅持和發展什麼樣的中國特色社會主義、怎樣堅持和發展中國特色社會主義這個重大時代課題，創立了習近平新時代中國特色社會主義思想。習近平新時代中國特色社會主義思想是馬克思主義中國化的最新理論成果，是馬克思主義理論同中國實踐相結合而實現的理論創新的最新光輝典範，再次彰顯了馬克思主義強大的生命力和不竭的創新能力。隨著中國綜合國力穩步增長和中國日益走近世界舞臺的中央，中國智慧、中國方案也開始走向世界。

近年來，凝聚著中國化馬克思主義最新成果的習近平治國理政思想在海外受到廣泛關注，西方的「中共學」成為一門顯學，中共的十九大被外媒稱為是「站在世界地圖前召開的盛會」，國際社會對於中國共產黨的關注達到空前的程度。為滿足世界各國政黨希望深入系

統瞭解中共十九大精神，特別是希望深入瞭解習近平新時代中國特色社會主義思想豐富內涵的願望，2017 年末，由中國共產黨發起並組織召開了主題為「構建人類命運共同體、共同建設美好世界：政黨的責任」的首屆全球政黨大會。來自 120 多個國家、200 多個政黨和政黨組織的領導人齊聚北京，習近平總書記出席開幕式並發表題為《攜手建設更加美好的世界》的主旨講話。為期三天的全球政黨大會，增進了國際社會對中國共產黨最新理論和實踐成果的理解，凝聚了各國共同建設美好世界的共識，更是充分展現了中國共產黨開放、包容、自信的國際形象。

至此我們更加能夠深刻理解馬克思在《關於費爾巴哈的提綱》裡所說的那段話的含義：「人的思維是否具有客觀的真理性，這不是一個理論的問題，而是一個實踐的問題。人應該在實踐中證明自己思維的真理性，即自己思維的現實性和力量，自己思維的此岸性。關於思維 ── 離開實踐的思維 ── 的現實性或非現實性的爭論，是一個純粹經院哲學的問題。」[1] 理論的創新從來都是與實踐創新緊密結合不可分離的，偉大的理論必然伴隨偉大的實踐，反過來，偉大的實踐必然也需要並且必將催生偉大的理論。中國共產黨風雨兼程近百年，由最初的十幾個人成長為今天八千九百多萬黨員的世界第一大黨，從當初的懵懵懂懂成長為今天最具智慧和力量的世界最傑出政黨，其間偉大的實踐（革命實踐、建設實踐和改革實踐）始終同偉大的理論創新相伴相隨。中國共產黨所堅持和發展的理論從來不是深奧晦澀的經院哲學，

1《馬克思和恩格斯文集》第 1 卷，人民出版社 2009 年版，第 500 頁。

從來不是單純追求形式美的漂亮的邏輯體系，更是從來不迷信時尚與潮流、不刻意追求與「世界接軌」，中國共產黨的理論，從來都是外表樸實卻十分有力的理論，它外表孤獨，卻是當今世界上最敢於特立獨行的有個性的理論，是真正的卓爾不群的理論。

至此我們更加能夠深刻理解，我們為什麼最有理由自信。革命的樂觀主義從來是中國共產黨人最寶貴的精神狀態。在建黨之初和新中國成立之初的諸多極端困難和挑戰面前，無數共產黨人仍然始終抱著革命必勝的信念和決心。如果說這些時期人們的信念和決心更多是基於革命理想主義的價值認同，那麼而今適逢盛世的我們，則更加有理由樹立起包括「四個自信」在內的無比堅定的政黨自信，這種自信不僅來源於價值的認同，更來源於理性的認同亦即理論的自信。

三、加強和改進馬克思主義理論體系的研究、宣傳和教育工作

（一）當前的基本形勢

理論自信離不開一定的理論水準。馬克思曾說，「理論只要說服人，就能掌握群眾；而理論只要徹底，就能說服人。所謂徹底，就是抓住事物的根本。」[1] 作為一種認識世界和改造世界的科學世界觀和方

1《馬克思和恩格斯文集》第 1 卷，人民出版社 2009 年版，第 11 頁。

法論，馬克思主義具備說服人和掌握群眾的屬性，而作為這種理論的物質載體——人，最終是否能夠說服人並掌握群眾，是否具有理論自信，則取決於人們運用這種世界觀和方法論開展理論創新、解決現實問題的能力。從這個意義上而言，所謂理論自信不足，說到底就是因為理論水準不高。當然我們也不能否認即便理論水準不高但也照樣可以對馬克思主義很自信，我們姑且將這種自信稱為信任或信仰，它是感性的而非理性的。並且這樣的理論自信是不可持續的，甚至是十分危險的，它常常容易導致嚴重的工作失誤。在中國共產黨近百年歷史上也不乏這樣的教訓，歷次「左」傾冒進與右傾保守的失誤，從一定意義上都可以看作是理論水準不高或者「虛高」釀造的結果。第五次反「圍剿」的失利是如此，「大躍進」運動的失敗、「文革」的錯誤也是如此，我們自信地認為手握著真理，但事實上我們的「真理」嚴重脫離了中國的實際。而今我們所說的理論水準不高可能導致理論自信不足，更多指的是廣大理論工作者、學生群體、黨員幹部以及社會公眾由於對馬克思主義理論體系鑽研得不精，瞭解得不全，領悟得不深，從而容易導致妄自菲薄，深陷「西方中心主義」的話語霸權而不能自拔。習近平總書記在哲學社會科學工作座談會上對此類現象做出了重要概述，他指出，「在對待堅持以馬克思主義為指導問題上，絕大部分同志認識是清醒的、態度是堅定的。同時，也有一些同志對馬克思主義理解不深、理解不透，在運用馬克思主義立場、觀點、方法上功力不足、高水準成果不多，在建設以馬克思主義為指導的學科體系、學術體系、話語體系上功力不足、高水準成果不多。社會上也存在一些模糊甚至錯誤的認識。有的認為馬克思主義已經過時，中國現在搞的不是馬克思主義；有的說馬克思主義只是一種意識形態說教，

沒有學術上的學理性和系統性。實際工作中，在有的領域中馬克思主義被邊緣化、空泛化、標籤化，在一些學科中『失語』、教材中『失蹤』、論壇上『失聲』。這種狀況必須引起我們高度重視。」[1] 在 2013 年的全國宣傳思想工作會議上，習近平總書記曾說：「我一直在思考一個問題，這就是：我們中國共產黨人能不能打仗，新中國的成立已經說明了；我們中國共產黨人能不能搞建設搞發展，改革開放的推進也已經說明了；但是，我們中國共產黨人能不能在日益複雜的國際國內環境下堅持住黨的領導、堅持和發展中國特色社會主義，這個還需要我們一代一代共產黨人繼續作出回答。」同年的全國組織工作會議上他還說道：「我一直在想，如果哪天在我們眼前發生顏色革命那樣的複雜局面，我們的幹部是不是都能毅然站出來捍衛黨的領導、捍衛社會主義制度？」[2] 理論自信問題是理想信念的深層問題，而理想信念動搖是最危險的動搖，理想信念滑坡是最危險的滑坡。這使得持續加強和改進馬克思主義的研究、教育和宣傳工作成為一項必須常抓常新的極端重要工作。

（二）馬克思主義理論創新是理論自信的源頭活水

作為世界觀和方法論的馬克思主義只是馬克思主義的基本原理，

1〈在哲學社會科學工作座談會上的講話〉，載於《新華網》2016 年 5 月 18 日，http://news.xinhuanet.com/2016-05/18/c_1118891128.htm。

2 中央文獻出版社編：《習近平關於全面從嚴治黨論述摘編》，中央文獻出版社 2016 年版，第 59 頁。

它不可能代替具體歷史時期的馬克思主義理論創新成果。我們今天講加強馬克思主義理論研究主要指的是理論創新研究。堅持理論創新是理論自信的真正源頭活水，是讓理論說服人和掌握人「不二法門」。而中國的馬克思主義創新成果要說服和掌握人，首先要說服和掌握中國的馬克思主義理論研究工作者，也就是說，中國的馬克思主義理論創新成果必須是徹底的、是能抓住事物的根本的理論。當前總體來說，我國以馬克思主義為指導的哲學社會科學研究工作取得豐碩成果，但仍存在一些亟待解決的問題 總的看來表現為「還處於有數量缺品質、有專家缺大師的狀況，作用沒有充分發揮出來。」[1] 具體而言又凸出表現為「在學術命題、學術思想、學術觀點、學術標準、學術話語上的能力和水準同我國綜合國力和國際地位還不太相稱。」[2]「在解讀中國實踐、構建中國理論上，我們應該最有發言權，但實際上我國哲學社會科學在國際上的聲音還比較小，還處於有理說不出、說了傳不開的境地。」以及「一些學科設置同社會發展聯繫不夠緊密，學科體系不夠健全，新興學科、交叉學科建設比較薄弱。」[3] 這些問題集中反映了當前我國哲學社會科學原創能力不足，儘管我國已是哲學社會科學大國，研究隊伍、論文數量、政府投入等在世界上都是排在前面的，但我們主要還是「照著講」，而不善於「接著講」。存在長期「跟在別

1〈在哲學社會科學工作座談會上的講話〉，載於《新華網》2016 年 5 月 18 日，http://news.xinhuanet.com/2016-05/18/c_1118891128.htm。
2〈在哲學社會科學工作座談會上的講話〉，載於《新華網》2016 年 5 月 18 日，網址：http://news.xinhuanet.com/2016-05/18/c_1118891128.htm。
3〈在哲學社會科學工作座談會上的講話〉，載於《新華網》2016 年 5 月 18 日，網址：http://news.xinhuanet.com/2016-05/18/c_1118891128.htm。

人後面亦步亦趨」的問題，不僅沒有形成中國特色哲學社會科學，而且解決不了我國的實際問題。而這也正是一些人對中國的馬克思主義缺乏理論自信的重要原因所在。

扭轉這種現狀，需要立足中國實際，「要從我國實際出發，堅持實踐的觀點、歷史的觀點、辯證的觀點、發展的觀點，在實踐中認識真理、檢驗真理、發展真理。」「要按照立足中國、借鑒國外，挖掘歷史、把握當代，關懷人類、面向未來的思路，著力構建中國特色哲學社會科學，在指導思想、學科體系、學術體系、話語體系等方面充分體現中國特色、中國風格、中國氣派。」[1]

（三）讓理論真正說服人、掌握人

人民有信仰，國家有力量，民族有希望。在中國，除了專門從事哲學社會科學研究的理論工作者群體，馬克思主義理論需要說服和掌握的人還有廣大在校學生、社會公眾及黨員幹部群體。對於這些群體，主要是教育和宣傳。習近平總書記在全國宣傳思想工作會議上強調，宣傳思想工作「關鍵是要提高品質和水準，把握好時、度、效，增強吸引力和感染力，讓群眾愛聽愛看、產生共鳴，充分發揮正面宣傳鼓舞人、激勵人的作用。」[2]總體來說這項工作也取得了重大成果，但仍

---

1 〈在哲學社會科學工作座談會上的講話〉，載於《新華網》2016 年 5 月 18 日，網址：http://news.xinhuanet.com/2016-05/18/c_1118891128.htm。

2 習近平：〈胸懷大局把握大勢著眼大事，努力把宣傳思想工作做得更好〉，《人民日報》 2013 年 8 月 21 日，第 1 版。

存在一些不容回避的問題。概括來說主要是兩點：一是理性上普遍不夠精深，二是感性上不夠精細，整體上呈現出一種大水漫灌、低效重複的狀態。

　　首先，當前的學生思想教育工作仍普遍存在知識性記憶偏多，感性體驗和思維訓練過少的問題。尤其在中高考指揮棒的作用下，中學生思想政治課常常脫離育人的初衷，異化為枯燥的死記硬背拿高分。大學生雖然不再受中高考指揮棒的影響，但大學生思想政治教育課普遍面臨上課模式呆板、學生毫無興趣的尷尬局面。在校學生群體處於思想成長和成熟階段，具有可塑性強的特點。但也存在生活經歷不多、思想過於單純等不足。學生階段的感性生活體驗和科學思維訓練，是樹立正確世界觀、人生觀和價值觀的必要基礎，只有夯實了這個基礎，個體的思想上層建築才不至於建立在鬆軟的沙灘之上，未來才經得起海風海浪的考驗。但是當前的學校思想政治教育課模式普遍無法達到這些要求。因此，要想馬克思主義更好被下一代接受，就必須從小引導學生體驗生活、豐富社會經歷，並逐步培養馬克思主義的科學思維方式。實際操作中又應遵循循序漸進的原則。其中小學、初中階段應以學習和接觸感性的知識為主。如借助各種教育基地、課內外活動等方式開展思想教育，儘量做到多體驗，在體驗中啟發和感悟道理，尤其對於小學生不宜急功近利直接灌輸過多理論，以防食而不化和思維模式過早塑形。初中生開始具備一定抽象思維能力，在學習和接觸感性知識的同時，宜逐步培養和鍛煉一定的形式邏輯思維能力。可探索開設形式邏輯必修課程，並輔以適當專項閱讀訓練，鼓勵有能力的學生嘗試閱讀較為淺顯的哲學經典著作以訓練理性思維能力。高中和大學生的抽象思維趨向成熟，這一階段宜以培養理性思維能力為

主,可系統訓練學生辯證分析問題的能力,盡量避免滿堂灌,減少死記硬背。可廣泛開設馬克思主義經典篇章閱讀和討論必修課程,並規定適當的哲學經典課外閱讀任務和課程論文。

其次,當前中國的馬克思主義理論面對社會公眾的宣傳方式主要還是依靠黨的主流媒體,途徑過於單一,形式過於生硬和直白。社會公眾群體包含各個行業和階層的個體,存在利益多樣、價值多元、思想龐雜、知識能力各異等特點。作為思想宣傳對象,社會公眾內部的差異性達到了極致。這種差異性的極致,要求宣傳手段的極簡。因此,面對社會群體開展思想宣傳工作,更不宜繼續沿襲學校講臺的模式,也不宜單純採取直白的宣傳手段,而宜採取融入原則,即將理論融入公眾的生產、融入人們的生活中去,達到潤物細無聲的效果。為此要善於借助文學文藝作品,生產生活方式,鄉風民俗,法律制度規範等社會文明形式來傳播黨的指導思想。例如無需過多刻意解釋,讓公眾自己從生產工具的巨大變革中領悟創新;從新農村日新月異的變化中理解協調;從綠水青山的畫卷中感受綠色;從往來繁忙的國際貿易中認識開放;從弱勢群體的喜笑顏開中認可共用。也無需過多刻意宣傳,讓公眾自己從蒸蒸日上的國家實力、透明高效的社會治理、安定有序的社會環境、充滿溫情的日常生活中領悟富強、民主、文明、和諧的深意;從追逐個人夢想的快樂、人格受到尊重的喜悅、利益得到保障的滿足、正義得到伸張的感動中領悟自由、平等、公正、法治的魅力;從軍民團結一家親的濃烈氛圍、精益求精的匠人精神、貨真價實的商品交易、互助互諒的人際真情中感受愛國、敬業、誠信、友善的價值。宣傳手段的極簡看似放棄了宣傳,卻恰恰是處處都在宣傳,看似沒有了理論的系統性,卻恰恰是在最龐雜的碎片化中重構了最豐滿的系統

性，看似講著最淺顯的道理，卻恰恰是傳達了最深刻的治國理政智慧。

再次，黨員幹部理應是新時代中國特色社會主義思想最積極擁護者、最熱情倡導者和最忠實踐行者。黨的指導思想最終能否說服並掌握學生和公眾，除了專門從事馬克思主義研究的理論工作者外，最關鍵是要看能否說服並掌握黨員幹部。然而當前黨員幹部政治理論學習仍存在不系統、不深入、走形式、混過關等現象。許多同志對黨的指導思想似懂非懂，一知半解，以致自身對黨的思想都信心不足，定力不足，更罔論積極擁護、熱情倡導和忠實踐行。鑒於此，針對新時代黨員幹部思想教育應堅持求精求深與求嚴求實相統一的原則。一是學習內容必須系統化、專業化。必須扎扎實實研讀馬克思、恩格斯、列寧及毛澤東同志的經典篇章，真正掌握馬克思主義的思維方式、認可馬克思主義的價值訴求、堅定馬克思主義的理想信念。認認真真學習中國特色社會主義理論體系思想，並結合中國實際和工作實際領會其深刻內涵。二是學習行動必須制度化、嚴格化。學風體現作風，應進一步加強黨的學風建設，在黨員幹部隊伍中全面貫徹從嚴治學的學風，特別是要凸出「關鍵少數」在學風建設中的引領作用，堅決反對學習上的形式主義、自由主義、頹廢主義、八股之風，嚴格落實學習制度，從嚴考核學習成效。三是學習成效必須實踐化。要善於運用科學思維分析和解決問題，善於宣傳黨的主張，善於回應社會關切，善於引領社會意識。要認真改進工作作風，堅決反對貪污腐敗浪費，自覺維護黨的形象和中國特色社會主義形象。要積極奉獻作為，爭當幹事創業先鋒，通過努力縮小貧富差距、減少社會不公，不斷滿足人民群眾對美好生活的期待，持續鞏固人民群眾對新時代中國特色社會主義思想的堅定信仰。

　　黨的十九大報告指出，「要增強學習本領，在全黨營造善於學習、勇於實踐的濃厚氛圍，建設馬克思主義學習型政黨，推動建設學習大國。增強政治領導本領，堅持戰略思維、創新思維、辯證思維、法治思維、底線思維，科學制定和堅決執行黨的路線方針政策，把黨總攬全域、協調各方落到實處。」習近平總書記經常強調領導幹部要加強對馬列經典的學習，他自己曾反復研讀《共產黨宣言》《資本論》《1844年經濟學哲學手稿》《反杜林論》《政治經濟學批判》《哥達綱領批判》《唯物主義和經驗批判主義》《談談辯證法問題》《毛澤東選集》等經典著作，並從 20 世紀 80 年代末起就陸續在學術刊物上發表理論文章，真正做到了「把學習作為一種追求、一種愛好、一種健康的生活方式」。習近平新時代中國特色社會主義思想更是集中反映了他的治國理政新理念、新思想和新戰略，處處閃耀著馬克思主義思想的智慧之光，而這樣的成就離不開他多年來堅持對馬列經典著作的深入學習與深度思考。一個政黨的理論自信，源於這個政黨裡每一名成員的自信。共產黨員無論身處什麼崗位，都應堅持潛下心讀一些馬列經典著作，同人類歷史的思想巨匠們虛心交流，切實培養良好的哲學素養和科學思維方式，不斷提升個人品味、塑造獨立人格，擺脫人云亦云的窘境，確保始終堅定理論自信。

第四章

中國共產黨最有理由自信——制度自信

　　一部人類文明史，可以看作是一部制度變遷史。對一個國家而言，道路選擇和理論創新，都要靠制度來保障。世界各國成功發展的經驗，無不證明這樣一個基本事實：國家與人民對其所運行的制度是否自信，是國家得以成長和鞏固的最基本的精神基礎與政治基礎，直接決定著國家的內聚力與競爭力，進而決定著國家的興衰命運。1 正如美國經濟學家達龍·阿西莫格魯和詹姆斯·羅賓遜在《國家為什麼會失敗》中所言：「在歷史及現實中的國家的失敗，主要是制度的失敗。」

　　在當今世界，國與國之間的各種競爭，在很大程度上集中體現為制度的競爭。國家的政局是否穩定，社會能否形成發展的合力，民眾的訴求能否暢通表達，各種利益關係能否得到平衡，各方面人才能否通過公平競爭進入國家

---

1 林尚立：〈制度與發展：中國制度自信的政治邏輯〉，《中共中央黨校學報》2016 年第 2 期。

領導和管理體系，都對一個國家的經濟社會發展起著至關
重要的作用，而這一切都與制度是否完善有著密切的關係。

　　伴隨著「一帶一路」倡議的落地生根、開花結果，中
國在世界舞臺上的表現越發亮眼。與世界其他一些大國相
比，中國經濟儘管進入增速換擋、提質增效的新常態，但
仍然是全球經濟增長的主要引擎；與其他國家飽受恐怖主
義、難民危機折磨相比，中國社會總體保持安定團結；與
其他國家面臨重重弊病、積重難返相比，中國正在朝著中
華民族偉大復興的目標，全方位、多領域推進全面深化改
革⋯⋯中國為什麼能？

　　中國特色社會主義制度是支撐中國崛起的成功密碼。
2016 年 7 月 1 日，習近平總書記在慶祝中國共產黨成立
95 周年大會上明確指出：「中國特色社會主義制度是當代
中國發展進步的根本制度保障，是具有鮮明中國特色、
明顯制度優勢、強大自我完善能力的先進制度。」這套制
度的明顯優勢體現在，它能夠有效保證人民享有更加廣
泛、更加充實的權利和自由；能夠有效調節國家各種政治
關係，形成安定團結的政治局面；能夠有效促進社會生產
力發展和人民生活水準提高；能夠有效維護國家獨立自
主，維護國家主權、安全、發展利益。這樣一套制度，還
在改革中不斷自我完善和發展，具有強大的生命力。[1]

---

1 人民論壇「特別策劃」組：〈「四個自信」之制度自信〉，《人民論壇》2017 年第 16 期。

正是由於中國特色社會主義制度的保障，中國經濟開啟了改革開放以來長達 40 年的高速增長。如今，一個經濟繁榮、政治穩定、社會和諧的中國，在全球舞臺上越來越展示出前所未有的影響力，成為捍衛世界和平發展、推動完善全球治理的重要力量。正如習近平總書記所言：「當今世界，要說哪個政黨、哪個國家、哪個民族能夠自信的話，那中國共產黨、中華人民共和國、中華民族是最有理由自信的。」制度自信，我們底氣十足，並堅信這一制度必將更加成熟更加定型，為實現中華民族偉大復興的中國夢奠定堅實的制度根基。

一、中國制度自信因何而生

所有的制度認同都是建立在制度所創造的效能與社會和民眾的基本追求具有内在的契合性基礎上的。[1]制度自信同樣如此，它是一個國家的民眾對自身制度的認可，是對制度績效的一種積極評價，這種積極評價是建立在客觀的制度績效基礎之上的。二十多年前，鄧小平確立了評判一個國家政治體制的三條基本標準：「第一是看國家的政局是否穩定；第二是看能否增進人民的團結，改善人民的生活；第三是看生產力能否得到持續發展[2]。這說明一個國家的進步與發展，需要合

---

1 林尚立：〈現代國家認同建構的政治邏輯〉，《中國社會科學》2013 年第 8 期。
2《鄧小平文選》第 2 卷，人民出版社 1994 年版，第 322 頁。

理的制度。而合理的制度一定是基於國家對制度的自主選擇，一定是基於選擇的制度具有堅實的現實基礎；一定是基於現實的制度擁有促進國家進步與發展的能力。合理的制度才能形成相應的制度自信，而合理的制度不是基於價值的設定，而是基於制度與發展長期互動中實現內在協調與統一。改革開放近 40 年以來，我國經濟的持續發展、社會的總體穩定、國家治理的高效，使我們對自己的制度越來越充滿自信。制度自信的背後是理論的堅定性與發展的有效性，而其現實根基就是全社會對制度的合理性與有效性所形成的基本認同。[1]

（一）制度建構的自主性

中國共產黨在領導中國現代化建設過程中，始終從國家發展的實際需要出發進行制度選擇和制度建設，以制度的有效性增進制度的合理性，在制度建設發展中逐步確立人們的制度自信。[2]

中國從傳統邁入現代是一個革命性的轉變，直接體現就是要進行全面的制度更替，即要用一套全新的制度來重新整合舊制度崩解之後的中國社會。所以，國家建設始終伴隨著制度建設，而制度建設過程中的制度選擇與制度設計又直接決定著國家建設，在這一過程中，中國始終堅持並得到人民廣泛認同的信念是：民主共和是中國制度選擇

---

1 林尚立：〈制度與發展：中國制度自信的政治邏輯〉，《中共中央黨校學報》2016 年第 2 期。
2 房甯，郭靜：〈中國特色社會主義政治制度展現獨特優勢和魅力〉，《人民日報》2017 年 3 月 15 日。

和設計的合法性基礎。中國的制度自信就源於此，堅信民主是中國必然的選擇，中國只有實行了民主，才可能實現現代化。

　　在中國共產黨領導革命、建設國家的歷程中，這種制度自信首先體現在從中國的國情出發，自主地定位、設計和建構中國的現代民主制度。這種實踐過程是從中國共產黨自覺放棄國家政權建設中的簡單模仿和概念化的實踐開始的，具體體現為：用人民共和國的主張替代工農共和國。中國共產黨最初的國家政權建設實踐出現在江西瑞金的工農革命根據地，當時模仿俄國革命經驗，進行建設蘇維埃工農政權的實踐，並提出了未來要建設「工農共和國」的建國主張。然而，在經歷了艱苦卓絕的兩萬五千里長征之後，隨著中國共產黨將自身的使命與中華民族抗日救亡運動融合在一起，1935 年 12 月，剛長征到陝北的中共中央就做出了一個決定中國國家建設方向的重大政治選擇：即將建設「工農共和國」的主張改為建設「人民共和國」的主張，強調這種改變能夠更好地適應中國社會的階級狀況，使得中國共產黨能夠更大範圍地凝聚人民的力量進行抗日戰爭和國家建設[1]。由此，「人民共和國」就成為中國共產黨在中國建構現代民主國家的基本政治主張，奠定了中國共產黨領導人民建設新社會與新國家的自主性與自信心。1940 年，毛澤東在設計人民共和國的國體與政體時明確指出，中國半殖民地半封建的社會性質決定了中國的國體和政體安排，既不能採用資產階級共和國的形式，也不能採用蘇聯所實踐的無產階級專政的共和國模式，而應該實行各革命階級聯合專政的共和國，即人民民主專

1《毛澤東選集》第一卷，人民出版社 1991 年版，第 158 頁。

政的共和國。正因為有明確的自我定位和合理的國家建設設計，中國共產黨此後也就順理成章地進行了「三三制」以及民族區域自治的創造性實踐，並在不斷地探索人類社會發展的規律，從社會主義發展的規律以及中國革命與建設的規律中，提高自主設計與建構中國現代民主制度的智慧與能力。

中國特色社會主義制度之所以能夠行得通、有生命力、有效率，除了它是對不斷探索實踐的深刻總結之外，更為重要的則是「它是從中國的社會土壤中生長起來的」。也就是說，中國特色社會主義制度必須符合中國國情，以及各個歷史時期、歷史階段的特點。改革開放以來，中國體制改革先後圍繞著三大核心使命展開：一是解放和發展生產力；二是實現可持續的科學發展；三是推進國家治理體系與治理能力的現代化。對於中國國家建設與發展來說，這三大核心使命所提出的任務和挑戰是逐級提升的，與此相應，所要求的體制改革也需要更加深入、系統和全面。而且需要不斷累積的能量。中國的發展要可持續，要達到理想的彼岸，就必須進行持續不斷的變革；而改革要持續不斷，並不斷累積其能量，就必須創造合理的改革動力體系。[1] 為此，黨的十八屆三中全會將完善和發展中國特色社會主義制度，推進國家治理體系和治理能力現代化作為全面深化改革的總目標。在省部級主要領導幹部學習貫徹十八屆三中全會精神全面深化改革專題研討班上，習近平總書記也專門強調：「必須適應國家現代化總進程，提高黨科學執政、民主執政、依法執政水準，提高國家機構履職能力，

---

1 林尚立：〈制度與發展：中國制度自信的政治邏輯〉，《中共中央黨校學報》2016
   年第 2 期。

提高人民群眾依法管理國家事務、經濟社會文化事務、自身事務的能力，實現黨、國家、社會各項事務治理制度化、規範化、程序化，不斷提高運用中國特色社會主義制度有效治理國家的能力。」

（二）制度性質的民主性

中國的制度自信不僅創造了符合中國國情的人民民主制度體系，而且將中國的民主建設與國家發展緊密地聯繫起來，始終強調民主是中國現代化發展的前提，是中國徹底告別傳統政治的關鍵所在。1945年，毛澤東在與民主人士黃炎培對談中就明確認為，中國已經找到了使國家與社會擺脫黃炎培先生所擔心的歷史週期律的支配方法，這就是民主。毛澤東指出，我們已經找到了新路，我們能夠跳出這週期律。這條新路，就是民主。只有讓人民起來監督政府，政府才不敢鬆懈。只有人民起來負責，才不會人亡政息。[1] 毛澤東的回答是正確的，但在民主問題上，毛澤東僅僅看到人民監督與負責的力量，沒有看到這種監督與負責的常態化，需要通過制度化的渠道來達成，而不是通過定期的人民運動來實現。因而，在後來的實踐中，毛澤東更多地通過群眾的「大鳴大放」式的民主來發展人民監督，結果釀成「文化大革命」的動亂。「文革」結束後，鄧小平一方面徹底終結「大鳴大放」式的大民主，另一方面將尊重每個人的權益，激發每個人的積極性，保障每個人自由的民主制度與民主生活的建設全面提上議事日程，強調民

---

[1] 黃方毅：《黃炎培與毛澤東週期率對話》，人民出版社 2011 年版，第 56-58 頁。

主是改革開放的前提，沒有民主，就沒有社會主義現代化。基於對「文革」教訓的深刻反思，鄧小平提出了指導中國現代化和民主化建設的根本原則：把制度問題作為帶有根本性、全域性、穩定性和長期性的問題來抓。他說：「文革」的「教訓是極其深刻的。不是說個人沒有責任，而是說領導制度、組織制度問題更帶有根本性、全域性、穩定性和長期性。這種制度問題，關係到黨和國家是否改變顏色，必須引起全黨的高度重視」[1]。為此，他明確了民主建設的方向是：「為了保障人民民主，必須加強法制。必須使民主制度化、法律化，使這種制度和法律不因領導人的改變而改變，不因領導人的看法和注意力的改變而改變。」[2] 由此，中國的民主建設就逐步進入到制度化、法制化時代，民主與法制的相互促進與有機統一為中國共產黨強化其內在的制度自信提供了強大的政治基礎與實踐基礎。[3]

（三）制度運行的有效性

中國是社會主義國家，其所建構的制度是在現代人類文明的基礎上展開的，但同時又力圖實踐社會主義原則，推進中國特色社會主義的建設與發展。因而，中國共產黨所進行的所有制度建設都必須體現中國建設社會主義所形成的內在規定性。然而，由於這種內在規定性

---

1 《鄧小平文選》第 2 卷，人民出版社 1994 年版，第 333 頁。
2 《鄧小平文選》第 2 卷，人民出版社 1994 年版，第 146 頁。
3 林尚立：〈制度與發展：中國制度自信的政治邏輯〉，《中共中央黨校學報》2016 年第 2 期。

與流行世界的西方民主對國家制度建設所提出的規定性有本質差異，所以，中國共產黨以及中國人民所秉持的制度自信就不得不面對西方民主的挑戰。面對挑戰，中國共產黨為中國制度確定了三大底線：其一，堅持黨的領導，不搞西方的多黨制；其二，堅持人民代表大會制度，不搞西方的三權分立；其三，堅持公有制為主體的基本經濟制度，不搞私有制。顯然，在全球化的時代，中國要在全球社會中發揮作用，不僅要守住這三大底線，而且要將其所堅持的黨的領導、人民代表大會制度以及公有制的合理性與有效性充分發揮出來。[1] 即著眼現實實踐，把堅持社會主義制度和發揮社會主義制度優越性有機結合起來。正如 1980 年 5 月 5 日，鄧小平會見幾內亞總統杜爾時，指出「社會主義是一個很好的名詞，但是如果搞不好，不能正確理解，不能採取正確的政策，那就體現不出社會主義的本質。」[2] 這就精闢闡述了堅持社會主義制度和發揮社會主義制度優越性的辯證統一關係。一方面，相對封建主義、資本主義，社會主義是好的、進步的，所以我們必須堅持社會主義制度，「特別是根本制度、社會主義制度、社會主義公有制，那是不能動搖的」[3]。另一方面，「我們一定要切合實際，要根據自己的特點來決定自己的制度和管理方式」[4]，從而充分發揮社會主義制度的優越性，否則社會主義相對於資本主義的進步性就體現不出來。鄧小平在《黨和國家領導制度的改革》這篇講話中，進一步指出：

---

1 林尚立：〈制度與發展：中國制度自信的政治邏輯〉，《中共中央黨校學報》2016 年第 2 期。

2 《鄧小平文選》第 2 卷，人民出版社 1994 年版，第 313 頁。

3 《鄧小平文選》第 2 卷，人民出版社 1994 年版，第 133 頁。

4 《鄧小平文選》第 3 卷，人民出版社 1993 年版，第 221 頁。

「黨和國家現行的一些具體制度中，還存在不少的弊端，妨礙甚至嚴重妨礙社會主義優越性的發揮。」[1]「改革黨和國家領導制度及其他制度，是為了充分發揮社會主義制度的優越性，加速現代化建設事業的發展。」[2]

　　制度所創造的有效發展是制度自信的基礎，發展所推動的制度完善是制度自信的保障。在改革開放 40 年的實踐中，中國共產黨努力通過經濟體制改革和政治體制改革來完善其所堅持的制度，並努力將這種改革與創造中國的發展和穩定有機結合起來，使得所有的體制變革和發展，既有保障有合理的價值追求，但同時更關注如何從創造發展的角度來完善和提升相應的制度，追求體制變革和制度創新的效能，從而逐漸走出一條以不斷提升制度的有效性來增強制度的合法性的制度建設和發展道路。但必須指出的是，中國共產黨對既定制度的堅持與維護，不是從守住政權出發的，而是從完善和鞏固制度出發的，強調通過改革來健全和完善制度本身，使其得以鞏固和發展。為此，中國共產黨始終堅持一條基本原則：作為社會主義國家建設與發展所需要的領導制度、根本制度和基本制度絕不動搖，但健全和完善制度所需要的體制改革卻應該貫穿制度建設與完善的全過程。這表明中國共產黨所擁有的制度自信，不是來自盲目的制度自戀，而是來自有效的制度建設與發展。[3]

1《鄧小平文選》第 2 卷，人民出版社 1994 年版，第 327 頁。

2《鄧小平文選》第 2 卷，人民出版社 1994 年版，第 322 頁。

3 林尚立：〈制度與發展：中國制度自信的政治邏輯〉，《中共中央黨校學報》2016年第 2 期。

二、中國制度自信何以自信

一個國家的制度有沒有優勢，不是自詡自封的，也不取決於理論上的論證，而是取決於實踐的成效，是在比較中體現出來的。在改革開放中形成的中國特色社會主義制度，承接了歷史的選擇，順應人類文明進程和社會發展要求，為當代中國的發展提供著根本保障。[1]中國特色社會主義制度是一整套相互銜接的制度體系，不僅包括作為我國根本政治制度的人民代表大會制度，還包括作為我國基本政治制度的中國共產黨領導的多黨合作和政治協商制度、民族區域自治制度以及基層群眾自治制度，以及建立在上述制度基礎上的經濟體制、政治體制、文化體制、社會體制等各項具體制度。中國特色社會主義制度具有強有力的政黨組織領導和動員系統、高效的政府執行系統、高度集中的中央協調系統。這樣的制度安排在集聚力量、發揮國家整體效應、促進政府積極作為、實現國家集體意志等方面具有明顯功效。無論是與傳統社會主義制度相比，還是同西方國家的資本主義制度相比，中國特色社會主義制度都具有其獨特的比較優勢。

（一）中國共產黨領導的制度優勢

正如黨的十九大報告所指出：「中國特色社會主義最本質的特徵

---

1 秦剛：〈國特色社會主義制度的比較優勢〉，《中共中央黨校學報》2015 年第 6 期。

是中國共產黨領導，中國特色社會主義制度的最大優勢是中國共產黨領導。」[1]

獨特政治優勢。中國共產黨是中國工人階級的先鋒隊，同時是中國人民和中華民族的先鋒隊，是中國特色社會主義事業的領導核心，代表中國先進生產力的發展要求，代表中國先進文化的前進方向，代表中國最廣大人民的根本利益。黨除了人民群眾的利益外，沒有自己的特殊利益。黨始終堅持全心全意為人民服務，從而贏得人民群眾的支持和擁護，具有廣泛、堅實的群眾基礎。密切聯繫群眾是我們黨的最大政治優勢，脫離群眾是我們黨執政後的最大危險。我們黨是在同人民群眾的密切聯繫中成長、發展壯大起來的，人民是黨的力量之源和勝利之本，黨的群眾路線是實現黨的思想路線、政治路線和組織路線的根本工作路線，實現好、維護好、發展好最廣大人民根本利益是我們黨一切工作的出發點和落腳點。96年來，黨緊緊依靠人民，歷盡千辛萬苦，付出各種代價，取得革命、建設、改革的偉大勝利，開創和發展了中國特色社會主義。歷史和現實都告訴我們，只有社會主義才能救中國，只有中國特色社會主義才能發展中國。中國特色社會主義道路，是實現我國社會主義現代化的必由之路，是創造人民美好生活的必由之路。有了這條道路，沿著這條道路堅定不移地走下去，中華民族偉大復興的中國夢就一定能夠實現。我們黨的政治優勢還在於具有強大的自我淨化、自我提高的能力。黨的建設是我們黨的三大法寶之一，是我們黨的優良傳統，是我們黨保持生機與活力、不斷發展

---

1 習近平：〈決勝全面建成小康社會 奪取新時代中國特色社會主義偉大勝利〉，《人民日報》2017年11月28日。

壯大的根本原因之一。

獨特理論優勢。我們黨始終高度重視思想建設、理論建設，95年來，黨之所以能夠帶領全國人民完成和推進革命、建設、改革三件大事，是因為堅持解放思想，實事求是，與時俱進，求真務實，堅持一切從實際出發，理論聯繫實際，在實踐中堅持和發展真理，不斷研究新情況，總結新經驗，解決新問題，在實踐中豐富和發展馬克思主義，不斷推進馬克思主義中國化，使黨的理論和路線方針政策順應時代發展的潮流和我國社會發展進步的要求、反映全國各族人民的利益和願望，永遠走在時代前列；是因為我們黨高度重視學習，堅持用馬克思主義中國化最新成果武裝全黨，不斷提高黨的理論水準和政策水準，不斷提高廣大黨員的能力素質，努力把自己建設成為馬克思主義學習型政黨，使各級黨組織始終發揮領導核心和戰鬥堡壘作用；是因為我們黨是一個有著遠大理想的黨，始終堅持黨的最高綱領和基本綱領的統一，始終堅定對馬克思主義的信仰、對社會主義和共產主義的信念，堅守共產黨人的精神追求，把它作為共產黨人的政治靈魂和安身立命的根本。理想信念堅定，「骨頭就硬」「腰杆就直」，在勝利和順境面前就不會驕傲和急躁，在困難和逆境面前就不會消沉和動搖，就能經受住任何風浪和困難的考驗，就有強大的凝聚力、吸引力、感召力，就能夠動員、鼓舞廣大黨員和人民群眾為了遠大理想而拼搏、奉獻。

獨特組織優勢。在我們這個幅員遼闊、人口眾多的發展中大國，我們黨面臨艱巨複雜的改革發展穩定任務，維護黨和國家的集中統一極為重要。我們黨按照馬克思主義建黨原則，建立了由黨的中央組織、地方組織和基層組織構成的科學嚴密的組織體系，使全黨成為一

個統一整體,為實現共同目標而奮鬥。中國共產黨有 8900 多萬黨員,集中了全國眾多的先進分子和各方面的優秀人才,這是巨大的組織資源和組織優勢。充分發揮各級黨委的核心領導作用和基層黨組織的戰鬥堡壘作用,發揮好廣大黨員的先鋒模範作用和領導幹部的骨幹帶頭作用,黨和國家事業發展就有了可靠的組織保證。中國共產黨是一個紀律嚴明的黨,堅持依規治黨與以德治黨相結合,把紀律和規矩挺在前面,保證了黨的團結一致、集中統一。《中國共產黨章程》明確規定,民主集中制是黨的根本組織原則;《中華人民共和國憲法》也明確規定:中華人民共和國的國家機構實行民主集中制的原則。民主集中制是既科學又有效的制度,是我們黨最大的制度優勢。發揚民主,就是尊重廣大黨員和人民群眾主體地位,保障其民主權利,發揮其積極性創造性;實行正確的集中,就是保證全黨、全國的團結統一和行動一致,保證黨和政府的決定、決策得到迅速有效的貫徹執行。這種既有民主又有集中的組織制度,既避免了決策的盲目性、非理性,又避免了西方政府的那種「互相牽扯、議而不決、決而不行」的情況。

獨特領導優勢。我國憲法以根本法的形式反映了黨帶領人民進行革命、建設、改革取得的成果,確立了在歷史和人民選擇中形成的中國共產黨的領導地位。且中國共產黨領導是在長期的革命、建設、改革實踐中逐步形成並逐漸鞏固的。黨適應改革開放和社會主義現代化建設的要求,堅持科學執政、民主執政、依法執政;黨按照總攬全域、協調各方的原則,在同級各種組織中發揮領導核心作用;黨集中精力領導經濟建設,組織、協調各方面工作,圍繞經濟建設開展工作,促進經濟社會各方面發展;黨實行民主的科學的決策,制定和執行正確的路線、方針、政策,做好組織工作和宣傳教育工作,發揮

全體黨員的先鋒模範作用；黨保證國家的立法、司法、行政機關，經濟、文化組織和人民團體積極主動地、獨立負責地、協調一致地工作，保證黨的路線、方針、政策的貫徹和落實。黨的堅強、有力、高效的領導，保證了全國一盤棋，保證了集中力量辦大事的社會主義制度優越性，是中國特色社會主義制度的最大優勢。[1]

　　而相比之下，以三權分立、多黨競爭為主要特徵的西方國家政治制度，政府決策是在分權制衡的制度下進行。來源於孟德斯鳩的分權制衡思想，立法、行政、司法三權分立和三權相互制衡，在破除皇權專制、反對封建主義的實踐進程中，具有重要的歷史進步作用。但隨著資本主義制度的成熟壯大，分權制衡、三權分立，有時會變成西方各利益集團的「人質」，西方決策機制過程中冗長、煩瑣的辯論、投票、表決、覆議，耗費了巨大人力、物力和財力。各方利益集團之間博弈與制約的直接結果是政府決策效率低下，科學決策難以出臺，正確決策實踐受限等嚴重缺陷，嚴重制約著社會經濟的發展。分權制衡的本質在於使國家權力受到各方制約，防止專權、濫用權力，相互妥協以達到平衡。這種權力制度、決策機制，理論上公平而合理，但在具體實踐中，容易出現因互相制衡久而未果、效率拖遝低下的局面。[2]

　　正如國外學者所總結的中國共產黨領導具有六大優勢：可以制訂國家長遠的發展規劃和保持政策的穩定性；高效率，對出現的挑戰和機遇能夠做出及時有效的反應；可以有效遏制腐敗的氾濫；一個更負責任的政府；人才培養和選拔機制以及避免人才的浪費；可以真正地

1　尹漢寧：〈黨的領導是中國特色社會主義制度的最大優勢〉，《求是》2016 年第 13 期。
2　李瑞琴：〈西方決策機制出了什麼問題〉，《人民論壇》2017 年第 16 期。

代表全民。[1]辦好中國的事情，關鍵在黨。堅持和完善中國共產黨的領導，是黨和國家的根本所在、命脈所在，是全國各族人民的利益所在、幸福所在。

（二）人民當家作主的制度優勢

　　一個國家決策效率的高低，首選取決於該國的根本政治制度。西方國家採取以三權分立即分權制衡為基本原則的政治制度，而中國則採取了「議行合一」為基礎的根本政治制度，兩相比較，議行合一的人民代表大會制在決策效率上具有明顯的制度優勢。

　　相比較於西方三權分立導致國家的權力不能完全集中，導致議而不決、決而不行，決策效率和執行效率低下。中國共產黨總結了資產階級分權制衡原則和議會制的弊端及其在中國不成功的實踐，深刻總結近代以後中國政治生活慘痛教訓得出的基本結論，創造性地提出了「議行合一」的人民代表大會制度。[2]

　　「議行合一」的人民代表大會制度是一種根據民主集中制建立起來的權力結構，其中立法權高於行政權和司法權，表達國家意志的立法權和執行國家意志的行政權是一致的，行政權和司法權必須服從立法權，不能與立法權相抗衡。毛澤東同志早在抗日戰爭行將結束之際，就提出了對未來政權組織形式的設想：「新民主主義的政權組織，應該採取民主集中制，由各級人民代表大會決定大政方針，選舉政府。

---

1 宋魯鄭：〈中國的政治制度何以優於西方〉，《參考消息》2010 年 3 月 18 日。
2 王明進：〈從決策效率談中國的制度自信〉，《人民論壇》2017 年第 16 期。

它是民主的，又是集中的，就是說，是民主基礎上的集中，在集中指導下的民主。只有這個制度，才既能表現廣泛的民主，使各級人民代表大會有高度的權力；又能集中處理國事，使各級政府能集中處理被各級人民代表大會所委託的一切事務，並保障人民的一切必要的民主活動。」鄧小平用簡明的語言指出了人民代表大會制度的優點：「我們實行的就是全國人民代表大會一院制，這最符合中國實際。如果政策正確，方向正確，這種體制益處很大，很有助於國家的興旺發達，避免很多牽扯。」他還指出：「社會主義國家有個最大的優越性，就是幹一件事情，一下決心，一做出決議，就立即執行，不受牽扯。……沒有那麼多相互牽扯，議而不決，決而不行。就這個範圍來說，我們的效率是高的。」

60 多年的實踐充分證明，人民代表大會制度是符合中國國情和實際、體現社會主義國家性質、保證人民當家作主、保障實現中華民族偉大復興的好制度。

人民代表大會制度有利於加強和改善黨對國家事務的領導。適應新的歷史時期的新形勢、新任務、新要求，我們黨在領導方式上提出了依法治國的基本治國方略，在執政方式上提出了民主執政、科學執政、依法執政的基本執政方式，這是我們黨領導方式和執政方式的重大轉變，是黨更加成熟的重要體現和標誌。黨的領導主要是政治、思想和組織領導。黨支持人大依法履行職責，保障人大代表依法行使職權。人大通過充分發揚民主，依照法定程序，把黨的主張和人民意志統一起來。人民代表大會制度作為中國共產黨領導的人民民主制度，有利於我們黨鞏固執政地位、實現執政使命和鞏固我國的社會主義制度，發展中國特色社會主義的各項事業。

人民代表大會制度有利於保障人民當家作主，動員全體人民以國家主人翁的地位投身社會主義建設。我國各級人大代表通過民主選舉產生，包括了各地區、各民族、各階層、各方面的人士，具有廣泛的群眾基礎和代表性，對人民負責，受人民監督，能夠從制度上保障人民當家作主。國家保證人民依法管理國家事務和社會事務、經濟和文化事業，保證人民享有憲法和法律規定的廣泛的民主、權利和自由，極大調動了人民群眾建設社會主義的積極性、主動性、創造性，把全國各族人民的力量凝聚起來，在中國共產黨領導下，團結一心、艱苦奮鬥，共同建設中國特色社會主義，有領導、有秩序地朝著國家的發展目標前進。

人民代表大會制度有利於保證國家機關協調高效運轉。按照人民代表大會制度，在人民代表大會統一行使國家權力的前提下，明確劃分國家的行政權、審判權、檢察權。我國的國家行政機關、審判機關、檢察機關，都由作為國家權力機關的人大產生，對人大負責，受人大監督。國家機關這種合理分工，充分體現了民主和效率的統一，既有利於充分發揚民主、避免權力過分集中，又可以集中力量辦大事、提高工作效率，使國家的各項工作協調一致地進行，避免相互扯皮，保證了國家機關協調高效地運轉，保證國家統一有效地組織各項事業。

人民代表大會制度有利於維護國家統一和民族團結。我國是統一的單一制的多民族社會主義國家。在中央和地方國家機構職權的劃分上，遵循在中央統一領導下，充分發揮地方的主動性、積極性的原則，充分發揮中央和地方兩個積極性。在少數民族聚居地區實行區域自治，設立自治機關，行使自治權，鞏固和發展平等團結互助的社會

主義民族關係，實現全國各族人民的大團結。人民代表大會通過把各地區、各階層、各民族、各方面的代表人物吸納到國家政權中發揮作用，維護國家的政治穩定和長治久安。

在人民代表大會制度下，中國共產黨不斷擴大和鞏固執政基礎，兼顧群眾性、階層性，代表中國全體人民整體利益、根本利益、長遠利益，在協調不同社會群體利益訴求、整合兼顧不同社會群體利益當中發揮了領導與引導作用，真正做到了來自人民、依靠人民、全心全意為人民。人民代表制度的優勢反映在重大決策中，就是決策科學化民主化水準的提高，既通過彙集眾思、廣納群言提高了決策的科學性，也保證了議而能決、決而能行的決策效率，避免了競爭性政治體制下決策效率低下、權利各方掣肘的弊端。[1]

（三）執政黨與參政黨協調一致

政黨政治是民主政治的重要體現，政黨制度也是很多國家政治制度的重要組成部分。共產黨領導的多黨合作和政治協商制度，是中國特色社會主義制度的重要內容。這種政黨制度，既不同於西方國家的兩黨或多黨競爭制，也有別於有的國家實行的一黨制，具有自身的特點，也有獨特的優勢。

中國的政黨制度，內生於中國革命的過程。新民主主義革命，是共產黨領導的人民大眾反帝反封建的革命。這個「人民大眾」，實際

---

1 胡鞍鋼　楊竺松：〈中國特色社會主義政治制度的比較優勢〉，《紅旗文稿》2017年第 21 期。

上包括四個階級的聯盟,這就是工人階級、農民階級、小資產階級和民族資產階級。以小資產階級和民族資產階級及知識份子為主要社會基礎建立的民主黨派,同共產黨的革命目標有一致性,而自身又無力獨立領導民主革命,在革命的過程中逐步接受了共產黨的領導。新民主主義革命勝利後,各民主黨派贊同用社會主義發展中國,並與共產黨共同致力於國家強盛、民族振興、人民富裕的事業。這就使共產黨與民主黨派有了進一步長期合作的政治基礎。社會主義制度下人民根本利益的一致性,也決定了共產黨與民主黨派之間不存在根本的利益衝突。在中國政黨制度的框架中,中國共產黨是執政黨,處於領導地位,是中國特色社會主義事業領導核心;各民主黨派是參政黨,是建設中國特色社會主義的重要促進力量。中國共產黨不是任何利益集團和某一社會群體的代表,而是中國各族人民根本利益的忠實代表,它以維護和實現人民利益的實際作為贏得人民的支持和擁護。在推進中國特色社會主義事業的過程中,中國共產黨也在不斷壯大,已發展成為擁有450多萬個基層組織、8900多萬名黨員的大黨,集中了全國數量眾多的先進分子和各方面優秀人才,具有強大的組織動員力和巨大的社會影響力。各民主黨派也聯繫和團結了不同社會階層、不同社會群體的優秀成員。有這樣眾多的先進分子和社會優秀成員集中在中國共產黨內,團結在中國共產黨周圍,使中國共產黨在領導建設中國特色社會主義過程中有著深厚的社會基礎,有著不竭的智力源泉和強大的戰鬥力。建設和發展中國特色社會主義,實現社會主義現代化和中華民族的偉大復興,是共產黨與各民主黨派的最大共識,也是共同的奮鬥目標和共同利益所在。由於有著思想共識、行動統一和目標認同的基礎,中國共產黨與各民主黨派也就形成了協調一致的政黨關係,

這不僅體現著中國政黨制度的張力和彈性，同時也消除了西方多黨制或兩黨制下的政黨紛爭，避免了互相傾軋造成的政治動盪，防止和減少了各種社會力量的內耗，有利於形成促進社會發展的合力。

西方國家普遍實行的是兩黨制或多黨制，這種政黨制度曾被視為民主制度的特徵，也曾被許多國家移植或模仿。其理論依據是社會利益是多元的，沒有一致性的存在，要有不同的政黨或政治組織代表不同的利益群體，並通過政治競爭達到利益平衡。這種競爭性的政黨制度有助於政治公開性和透明度的提高，在一定程度上也起著調節社會政治關係和緩和階級衝突的作用，減少由利益引發的暴力對抗，但其弱點也十分明顯。由於各政黨代表著不同群體、集團和階層的利益，無休止的利益競爭，不僅會帶來政治上的紛爭，還會造成社會的分離和分裂，消解整體意識和社會合力。由於取向不同、政見不同，在涉及社會利益和國家發展長遠規劃等重大問題上，各個政黨之間很難達成共識，往往會把政黨利益凌駕於社會利益之上。在一些國家，多黨競爭往往是以私人資本、個人捐助為支撐，政黨或政治人物接受了私人資本的支持，獲勝後必然要給予相應的回報，這就不可避免地會產生金錢左右政治、資本操縱權力的現象。恩格斯曾經指出：「正是在美國……輪流執政的兩大政黨中的每一個政黨，又是由這樣一些人操縱的，這些人把政治變成一種生意，拿聯邦國會和各州議會的議席來投機牟利，或是以替本黨鼓動為生，在本黨勝利後取得職位作為報酬。」[1] 儘管時間過去一個多世紀，恩格斯所揭示的這個問題依然是美

---

1 中共中央編譯局：《馬克思恩格斯選集》第 3 卷，人民出版社 2012 年版，第 54 頁。

國等西方國家政黨制度的弊端所在。[1]

（四）處理民族關係的獨創性制度安排

對於一個多民族國家來說，採取什麼樣的國家結構形式來處理國內民族問題，關乎國家長治久安和各民族前途命運。國家統一、民族團結是中華民族的根本利益所在，也是各族人民的共同利益所在。我們黨歷來高度重視民族問題。新中國成立後，特別是 1984 年《中華人民共和國民族區域自治法》頒佈實施以來，民族區域自治作為我們黨和國家解決民族問題的基本主張，在實踐中發展，在發展中完善，實現了政策、制度、法律三位一體的構建，成為中國特色社會主義制度體系的一大支柱、社會主義政治文明的一大特色、建設法治中國的一大方略，民族工作也在這一過程中取得了顯著成就。

民族區域自治是維護國家統一和民族團結的重大制度安排。採取並實行單一制國家結構形式下的民族區域自治，根本目的在於實現和維護國家統一和民族團結。實行民族區域自治，做到了承續歷史傳統與符合民族國情的統一，維護國家集中統一與照顧民族地區差異的統一，體現中華民族一體性與尊重各民族多元性的統一，是最適合中國國情的制度安排。

實行民族區域自治，既是為了團結各民族，也是為了發展各民族。我們採取民族區域自治政策，是為了通過民族合作、民族互助，求得

---

1 秦剛：〈中國特色社會主義制度的比較優勢〉，《中共中央黨校學報》2015年第6期。

共同發展、共同繁榮。在設計和實行民族區域自治之初，我們就充分考慮了經濟因素，比如在成立廣西壯族自治區的過程中，就綜合考慮廣西東部和西部的人口分佈、自然資源、經濟發展水準等情況，認為合則雙利、分則兩害，最終做出整合建區的決策。實行民族區域自治是促進民族互助、地區合作的重大制度安排。實行民族區域自治，不僅有利於把黨和國家總的方針政策與民族地區的實際相結合，因地制宜推進民族地區改革發展，而且為我們黨和國家制定實施區域發展扶持政策提供了重要依據和載體。無論是發達地區的對口支援體制，還是國家的扶貧攻堅、西部大開發戰略，都把民族自治地方作為重點，其目標都是加快民族地區經濟社會發展，促進形成各地區共同發展、各民族共同繁榮的良好局面。[1]

（五）充分發揮人民群眾的主體創造性

基層群眾自治制度，把發揮人民群眾的主體創造作用同黨和政府的主導引領作用有機統一起來，在社會主義民主政治建設中發揮了重要作用，展現了鮮明的特點和優勢。

一方面，它充分體現了廣大人民群眾民主參與的直接性和有效性。基層群眾自治的內容與人民群眾的切身利益密切相關，能夠直接反映人民群眾的利益訴求，人民群眾通過這種自治能夠獲得看得見、摸得著的利益，能夠保護自己的權利不受侵犯，人民群眾在自己生活的社

---

1 王正偉：〈充分發揮民族區域自治制度優勢〉，《人民日報》2014年9月3日。

區內，通過選舉、決策、管理和監督，直接參與基層公共事務和公益事業的管理。另一方面，它與我國經濟社會發展相適應、相促進，成為解決人民內部矛盾的有效途徑。農村村民自治制度是適應農村經濟體制改革需要而產生的，對化解農村社會矛盾、解決「三農」問題、提高政府管理水準和農民素質，都起到了重要作用；城市社區居民自治制度則是適應城市基層社會管理和居民生活需要的產物，在解決城市社會發展中的矛盾和問題等方面發揮了重要作用。再一方面，既推動了民主政治的有序發展又規避了極端冒進的風險。黨對發展基層群眾自治的認識是與時俱進、逐步深化的，基層群眾自治的實踐基本是由點到面、由淺入深逐步推開的，基層群眾自治的各項制度、法律和法規是逐步健全的，人民群眾當家作主的能力也是在實踐中逐步提高的，這種漸進推進式的發展，避免了不切實際的極端冒進，降低了風險和成本，使國家能夠集中精力解決發展尤其是經濟發展問題，也使得億萬人民群眾在穩定有序的基層民主實踐中逐步提高自身素質。實踐證明，基層群眾自治制度較好地解決了我國人民民主發展問題，使得億萬人民群眾廣泛參與的民主政治建設健康有序地發展，成為推動社會進步的巨大力量。[1]

　　在對中華民族 5000 多年悠久文明的傳承中、在對近代以來 170 多年中華民族發展歷程的深刻總結中，以及在新中國成立 60 多年和改革開放 40 年的偉大探索實踐中形成確立的中國特色社會主義制度，「能夠有效保證人民享有更加廣泛、更加充實的權利和自由，保證人民廣

---

1 楊春風：〈論中國特色社會主義政治制度的形成發展及特色優勢〉，《馬克思主義研究》2011 年第 9 期。

泛參加國家治理和社會治理；能夠有效調節國家政治關係，發展充滿活力的政黨關係、民族關係、宗教關係、階層關係、海內外同胞關係，增強民族凝聚力，形成安定團結的政治局面；能夠集中力量辦大事，有效促進社會生產力解放和發展，促進現代化建設各項事業，促進人民生活品質和水準不斷提高；能夠有效維護國家獨立自主，有力維護國家主權、安全、發展利益，維護中國人民和中華民族的福祉」。

正如《人民論壇》在 105 位專家徵求意見的結果所顯示，中國最為集中的十個政治優勢分別是：中國的政治體制具有很強的組織和動員能力，能夠集中力量辦大事；中國共產黨堅強有力的領導，確保了改革、發展與穩定；有中國特色社會主義理論作指導，為我們國家的發展指明了方向；中國共產黨同人民群眾的密切聯繫，既保持了正確政治方向，又調動了群眾積極性；政治文化的包容性，可以更好地吸收和借鑒世界各國的文明成果；中國共產黨領導下的多黨合作和政治協商制度，這不同於西方的政黨制度，保持了政權穩定和政策的延續性；協商民主和選舉民主相結合的；中國特色社會主義民主制度，可以使公民有序參與到政治決策中；堅持了共產黨的領導、人民當家作主和依法治國的有機統一；為經濟發展提供了一個穩定有序的政治環境；具有思想政治工作的優良傳統。由此可見，中國共產黨的領導、中國共產黨領導下的多黨合作和政治協商制度以及堅持共產黨的領導、人民當家作主和依法治國的有機統一等是中國政治優勢極其重要的組成部分。[1]

1 艾雲：〈中國的政治優勢究竟在哪裡〉，《人民論壇》2010 年第 17 期。

三、中國制度如何更加自信

　　我們必須認識到中國特色社會主義制度還處於發展的過程中，還會隨著外界環境和自身條件的變化而不斷發展和完善。鄧小平就曾說過「我們的制度將一天天完善起來，它將吸收我們可以從世界各國吸收的進步因素，成為世界上最好的制度。」習近平總書記也強調：「制度自信不是自視清高、自我滿足，更不是裹足不前、固步自封，而是要把堅定制度自信和不斷改革創新統一起來，在堅持根本政治制度、基本政治制度的基礎上，不斷推進制度體系完善和發展。」

　　黨的十一屆三中全會以來，中國以經濟體制改革為引領，加快完善社會主義市場經濟體制；協同推進政治、文化、社會、生態、軍事、外交體制改革，使之與經濟體制改革相適應，形成了中國特色社會主義事業總體佈局。黨的十八屆三中全會，開啟了改革新的篇章，吹響了全面深化改革號角，提出了全面深化改革總目標和 2020 年階段目標；全面深化改革寫入新時期「四個全面」戰略佈局。黨的十九大，將全面深化改革作為新時代堅持和發展中國特色社會主義的基本方略寫進報告。黨的十八大以來，我國民主法治建設邁出重大步伐。人民代表大會制度特別是選舉制度不斷完善，公眾有序政治參與不斷擴大，人民民主權利得到更高水準保障。中國共產黨領導的多黨合作和政治協商制度、民族區域自治制度以及基層群眾自治制度，不斷豐富，黨內民主更加廣泛，社會主義協商民主全面展開，愛國統一戰線鞏固發展，民族宗教工作創新推進。中國特色社會主義法治體系日益

完善。黨風廉政建設與反腐敗機制、國家監察制度改革試點取得實效，行政體制改革、司法體制改革、權力運行制約和監督體系建設有效實施。[1]

（一）將改革創新貫穿於制度建設全過程

從中國現代國家制度形成的歷史過程看，中國現代國家制度是中國人自己建構起來的，是中國人經歷了一次次試錯性的探索和實踐慢慢摸索出來的。中國特色社會主義制度始終在改革創新中與時俱進，不斷進行自我完善。改革開放新時期的實踐探索，充分證明了改革開放是堅持和發展中國特色社會主義的必由之路，我們必須始終把改革創新精神貫徹到治國理政各個環節，不斷推進我國社會主義制度自我完善和發展。堅持以實踐基礎上的理論創新推動制度創新，堅持和完善現有制度，從實際出發，及時制定一些新的制度，構建系統完備、科學規範、運行有效的制度體系，使各方面制度更加成熟更加定型，為奪取中國特色社會主義新勝利提供更加有效的制度保障。

習近平總書記多次指出，「改革開放永無止境」，「改革開放只有進行時、沒有完成時」。中國共產黨堅持在改革創新中尋求發展活力。改革就意味著創新，只有在創新中才能保持對環境變化的適應性，贏得永續發展。中國特色社會主義政治制度改革創新的比較優勢，不僅體現在有關改革本身對馬克思主義中國化理論的發展性、對中國現

1　胡鞍鋼，楊竺松：〈中國特色社會主義政治制度的比較優勢〉，《紅旗文稿》2017年第21期。

代化進程需求的適應性，還體現在改革領域的全面性、改革路徑的科學性以及改革持續深入的自覺性。也正如習近平總書記在慶祝中國共產黨成立 95 周年大會上的講話中所言，「中國共產黨人和中國人民完全有信心為人類對更好社會制度的探索提供中國方案」。

增強制度自信，就是要在深刻認識中國特色社會主義制度賴以確立的理論、歷史和現實依據的基礎上，深刻把握中國特色社會主義制度的特色、優勢和價值，更加自覺地堅定正確的政治方向，不斷擴大制度認同，凝聚制度共識，夯實制度根基；就是要更加自覺地劃清社會主義公有制為主體、多種所有制經濟共同發展的基本經濟制度同私有化和單一公有制的界限，劃清中國特色社會主義民主同西方資本主義民主的界限；就是要毫不動搖地堅持中國特色社會主義制度，決不照搬西方制度模式，決不搞全盤私有化，決不搞「新自由主義」，決不搞指導思想多元化，決不允許「兩極分化」。

以改革開放為動力，努力使各方面制度更加成熟更加定型。把改革創新的勇氣與求真務實的精神結合起來，既要胸懷理想、堅定信念，不動搖、不懈怠、不折騰，又要腳踏實地、循序漸進，有領導、有步驟、分階段地加以推進，積極穩妥而又不失時機地推進重要領域和關鍵環節改革。按照系統完備、科學規範、運行有效的要求，更加注重頂層設計和統籌兼顧，使實體性制度與程序性制度相配套，新建制度與原有制度相承續，各領域各方面的制度相銜接，著力解決一些制度規定不適應新形勢、新環境、新任務要求的問題，解決一些制度不嚴密、不完備、不配套的問題，解決一些具體制度只有原則性要求而

無操作性措施的問題，增強制度本身的系統性、科學性、可操作性。[1]
正如習近平總書記所強調：「制度建設要可執行、可監督、可檢查、
可追究、可問責，還要體現法治思維、改革思維和系統思維。執行紀
律、規章不能失之於寬、失之於軟，使規章制度成為『稻草人』，要
維護制度的嚴肅性和權威性，堅持制度面前人人平等，執行制度沒有
例外。」

（二）在制度自覺中彰顯制度自信

自信源於自覺，自覺鑄就自信。制度自覺是對制度建設地位和
作用的深刻認識、對制度發展和完善規律的正確把握、對建立和完善
制度歷史責任的主動擔當。中國特色社會主義作為一項前無古人的
開創性事業，沒有現成經驗可以借鑒，更沒有現成制度可供參考。在
中國特色社會主義制度建設中，我們黨堅持在實踐中探索、在反思中
前進，以制度自覺鑄就制度自信。經過幾十年的努力探索，我們在經
濟、政治、文化、社會等各個領域形成了一整套相互銜接、相互聯繫
的制度體系──中國特色社會主義制度。中國特色社會主義制度是中
國特色社會主義的重要組成部分，為當代中國發展進步提供了根本制
度保障，集中體現了中國特色社會主義的特點和優勢，是黨和人民在
實踐中不斷探索、創造的，必須倍加珍惜、始終堅持、不斷發展。[2]

---

1 天津市中國特色社會主義理論體系研究中心：〈制度自信的力量〉，《求是》2013
　年第 2 期。
2 崔唯航：〈用自覺、創新、責任增強「三個自信」〉，《人民日報》2012 年 12 月 28 日。

今天我們的國家治理體系，是在我國歷史傳承、文化傳統、經濟社會發展的基礎上，長期發展、漸進改進、內生性演化的結果。正因為沒有拄著別人的拐棍，堅持獨立自主選擇自己的道路，我們才能始終站穩腳跟，走出了一條不同於西方國家的成功發展道路，形成了一套不同於西方國家的成功制度體系。[1]因而，當前的制度體系有著更加全面的價值和理念、更加豐富的內涵、更加有效的機制、更加完善的規則、更加順暢的運行以及更加顯著的績效。

自信源於責任，責任堅定自信。充分的制度自信是新一輪制度建設的動力與保障，而新一輪制度建設必將從根本上提升中國特色社會主義制度體系的現代性、有效性與法治性，從而推動國家治理體系與治理能力的現代化。[2]習近平總書記一再強調：「沒有堅定的制度自信就不可能有全面深化改革的勇氣，同樣，離開不斷改革，制度自信也不可能徹底、不可能久遠。」源自人民支持、人民信任、人民力量的制度自覺和制度自信體現了我們黨對我國國情的深刻把握、對民族命運的理性思考、對人民福祉的責任擔當，這種自信源自對人民群眾高度負責的精神和使命。

1　本報評論員：〈走自己的路，堅定制度自信〉，《人民日報》2014 年 2 月 21 日。
2　林尚立：〈把握自身邏輯 創造中國奇跡〉，《人民日報》2015 年 5 月 8 日。

第五章

中國共產黨最有理由自信──文化自信

2014 年全國兩會期間，習近平總書記在參加貴州代表團審議時指出：「我們要堅持道路自信、理論自信、制度自信，最根本的還有一個文化自信」。之後，2016 年 7 月 1 日，在慶祝中國共產黨成立 95 周年大會上習近平總書記明確提出：中國共產黨人要「堅持不忘初心、繼續前進」，就必須要堅持「四個自信」即「中國特色社會主義道路自信、理論自信、制度自信、文化自信」。還更進一步強調「文化自信，是更基礎、更廣泛、更深厚的自信」。至此，「四個自信」一同構建起了中國特色社會主義自信的話語體系，文化自信的觀念更是深入人心。文化自信的提出彰顯了中國特色社會主義的文化根基、文化本質和文化理想，代表著我們黨對文化建設的認識達到了新境界，對於文化發展的規律的把握達到了新高度。文化自信，是一個國家、一個民族、一個政黨對自身文化價值的充分肯定，對自身文化生命力的堅定信念。但是，我們對於文化的自信不能盲目，盲目的自信很容易導致自負，對於文化

自信我們必須要弄清「是什麼」「為什麼」「怎麼樣」這
三個問題，也只有徹底弄清了這些問題才能使這種自信更
基礎、更廣泛、更深厚、更持久。

一、文化自信底氣的來源

中國幅員遼闊、資源豐富、人口眾多、歷史悠久，中華民族是偉
大的、富有智慧的民族，中華文明更是連綿不斷地延續了五千年，我
們世世代代受傳統文化的滋養，擁有著深厚的傳統文化底蘊。在繼承
和發揚優秀傳統文化的基礎上，在中國革命、建設、改革的偉大實踐
過程中我們又孕育出了具有中國特色的革命文化和社會主義先進文化。
這三種文化交織融合在一起形成了中華民族獨特的精神標識，奠定了
我們文化建設的根基，構成了我們文化自信的強大底氣。

（一）中華優秀傳統文化

勤勞、善良、勇敢、智慧的中國先民在獨特的自然環境和生活
方式下逐漸形成了屹立於世界東方的、原生態的中華文明。作為世界
文明的發源地之一，我們有著五千多年的文明史，與古埃及、古巴比
倫、古印度並稱為「四大文明古國」。但是縱觀世界歷史，這些文明
不是被毀滅，就是被中斷，都沒有能夠延續下來，只有中華文明以其
相容並蓄、海納百川的強大包容性和歷久彌新的旺盛生命力延續至今

天。環顧今日之世界，能將數千年古老文明與現代國家形態幾乎完全融合的國家只有一個，那就是中國。中華傳統文化是創造古老中華文明的根本力量，是中華民族歷史上所形成的思想觀念、道德評價、價值規範、知識體系、行為方式、人際關係、風俗習慣等等的總和。中華文化博大精深，其中最優秀的部分已成為中華民族最基本的文化基因，融入中華民族的血脈之中，構築起了中華民族最深層次的精神世界，它潛移默化影響著每一名中國人的思想方式和行為方式，是構成文化自信的重要基礎。

1. 和平與和諧的「和」文化

在高山、沙漠、汪洋的阻隔下，中國人一直居住並生活在一個相對封閉和穩定的自然環境之中，與西方遊牧民族和商業民族不同，中國很早就進入了農業文明時代，成為一個農耕民族。在長期的家族社會和農耕文化的作用下，造就了中華民族獨特的追求安寧、友善、內斂、和睦、和諧的文化特質。中華民族歷來是不尚武力愛好和平的民族，歷史上中國古人很早就懂得了和平的真諦。在上古時期的堯就提出了「克明俊德，以親九族；九族既睦，平章百姓；百姓昭明，協和萬邦。」（《尚書‧堯典》）的和平思想，在春秋時期就明白了「國雖大，好戰必亡；天下雖安，忘戰必危。」（《司馬法》）的道理。中國古人的「和」文化，不僅僅只是體現在國家與國家之間的和睦相處上，而更注重的是人與自身、人與人、人與社會、人與自然關係的和諧與融洽。在人與自身方面，儒家、道家很早就主張「喜怒哀樂之未發謂之中，發而皆中節謂之和」（《中庸》），「挫其銳，解其紛，和其光，

同其塵」（《老子》第77章），教導人們要善於控制和調節自我情緒，以到達身心和諧的狀態，用不露鋒芒、消解紛爭、收斂光耀的和諧人格與開闊的心胸和無所偏的恬淡心境去看待一切人和事。在人與人方面，儒家提倡「己所不欲，勿施於人」「推己及人」「與人為善」（《論語・顏淵》），以及「老吾老以及人之老，幼吾幼以及人之幼」（《孟子・梁惠王上》）的和諧人際關係。在人與社會方面，道家的老子給人們描繪了一個人與人之間「無欲」「無為」「無爭」，彼此和諧相處，人人「甘其食，美其服，安其居，樂其俗」（《老子》第80章）的大同社會。在人與自然方面，道家強調「人法地、地法天、天法道、道法自然」（《老子》第25章），主張天、地、人共生的和諧理念，還強調人要順應自然，遵循自然規律達到「天地與我並生，而萬物與我為一」（《莊子・齊物論》）的和諧境界。儒家則更注重強調人要充分認識自然、尊重自然、保護自然，反對向自然一味地索取和無度的破壞，人應善待自然，才能得到自然的庇護。正如荀子所講「草木榮華滋碩之時則斧斤不入山林，不夭其生，不絕其長也；黿鼉、魚、鱉、鰍鱔孕別之時，罔罟毒藥不入澤，不夭其生，不絕其長也；春耕、夏耘、秋收、冬藏四者不失時，故五穀不絕而百姓有餘食也；汙池淵沼川澤謹其時禁，故魚鱉優多而百姓有餘用也；斬伐養長不失其時，故山林不童而百姓有餘材也。」（《荀子・王制》）

中華明文之所以能延續了五千年，「和」文化起到了重要的作用，「中華文化共同體未曾破裂的緣由：一是以儒為主、佛道為輔的核心文化具有高度的文明性，對共同體內的各民族有強大吸引力；二是它尊重差異，包容多樣，使境內不同民族和地區的形態各異的文化有自由選擇和存在的空間，不受擠壓；三是它的發展是在多元文化互動融

通中與時俱進，不是彼此對立互損，因而其文化紐帶日益堅韌牢固。」[1]正是在這種「包容多元」「和而不同」「以和為貴」的文化思想下指引下，中華大地形成了各民族彼此匯和、相互攝納、相互融合的多元一體的國家模式，形成了儒、佛、道三家相互合作、相互補充、相得益彰的文化底蘊。如今，我們建設社會主義和諧社會、走和平崛起的發展道路、提倡構建「人類命運共同體」，都與這種「和」文化一脈相承，都是這種「多元通和」思維方式的延續和發展。

2.家國同構的集體主義文化

與西方不同，中國人不強調「原子式」的個體主義文化，而是更注重個人從屬於家庭和社會，個人利益服從國家、民族和集團利益的家國同構的集體主義文化。中國古代先民很早就開始定居並從事以農業為主的生產活動，在這種自給自足，社會變動速率緩慢的農業社會中，血緣關係發揮著重要的穩定作用，家庭成為最小的經濟單元，在此基礎上中國傳統社會逐步演化發展成為一個以家庭、家族、宗族為紐帶的血親社會。在中國人的文化譜系裡，以家庭為基礎衍生出一整套社會關係和生活方式，並在長達數千年的家庭倫理中形成了「家國同構」的社會傳統。中國人認為家與國密不可分，正是多個「小家」在一起組成了「大國」，家是國的基礎，國是家的延伸，家與國同氣相求、同命相依。孟子曰：「天下之本在國、國之本在家，家之本在身。」（《孟子・離婁上》）中國人時刻將個人的前途、家庭的利益、

---

1 牟鐘鑒：《中國文化的當下精神》，中華書局 2016 版，第 180-181 頁。

社會的發展、國家的命運統一起來，由個人而家庭、由家庭而社會、由社會而國家、由國家而天下。「古之欲明明德於天下者，先治其國；欲治其國者，先齊其家；欲齊其家者，先修其身……身修而後家齊，家齊而後國治，國治而後天下平。」（《禮記·大學》）也就是說要做好事情就要先做好自己，要治好國就要先治好家，只有每個家庭都幸福安定，國家才能繁榮昌盛。反之，如果國之不存，何以為家？民將焉附？在受到外敵侵略，民族存亡的關鍵時刻，「家國同構」就表現為中國人「苟利國家生死以，豈因禍福避趨之？」「舍己為國」「保家衛國」的精神和行動。在國家社會治理層面，春秋戰國時期儒家主張以家庭倫理孝道為始基，進而擴充為政治倫理和社會倫理，提出恢復「君君、臣臣、父父、子子。」（《論語·顏淵》）的等級秩序和「堯舜之道，孝悌而已矣。」（《孟子·告子下》）的治國思想。自秦統一中國後，國家雖實行郡縣制的行政管理模式，但社會的本質仍然是以宗法等級為基礎的家族制度，以男性血緣關係作為財產和權利的分配依據，整個國家是一個以皇權為主導的「大家庭」，皇帝就是家長，臣民就是家族成員。中國人把「親親」與「尊尊」結合起來，把孝順父母與忠君報國統一起來，形成了強烈的家國意識和特有的家國情懷。

　　中國人注重家國同構的集體主義文化，但也從未泯滅個人利益，強調個人和集體利益的互補與融合。儒家在重視群體的責任和整體事業的同時，還充分肯定個人利益的合法性地位，「富與貴，是人之所欲也」（《孔子·里仁》），「人之好貪財色，皆自性生」（《顏鈞集》），只是個人利益的獲得必須要「發乎於情，止乎禮儀」（《毛詩序》）。道家則講究無為而治，更加注重追求個體的幸福和精神的自由，強調給個體生命開闢出獨立自在的生存空間。儒道互補產使中國人在集體

本位中容納了個體的意識，使集體利益中包含著滿足個體利益的因素。如今，我們中國特色社會主義建設和改革的偉大實踐，不能夠丟棄集體主義這一優良傳統，集體主義是無產階級世界觀的內容之一，是社會主義精神文明的重要標誌。我們要發揮自身的長處，從集體入手來促進個人利益更好地實現，從大局出發，通過集中力量辦大事先發展起來、富強起來，然後發展成果要惠及人民、由人民共用，才能彰顯社會主義制度的優越性。當前，我們黨帶領全國人民通過「兩個一百年」的奮鬥目標，實現國家富強、民族振興、人民幸福的偉大「中國夢」，正是家國同構的集體主義文化的生動體現。

3. 以人為本的民生文化

人民是國家的基石，只有鞏固國家的基石，國家才能安定團結，民生問題解決得好與壞，決定著一個國家的命運和前途。在中國數千年來的經濟、政治、文化傳統中民生問題始終擺在首要的位置，逐漸形成了「以人為本」「民生為大」的民生文化。儒家思想裡把民生看成是治國安邦的前提，很早就有「民惟邦本，本固邦寧」（《尚書‧五子之歌》）的戒訓。在此基礎上孟子認為現實的經濟利益決定著人們的意識，提出「若民，則無恆產，因無恒心」（《孟子‧梁惠王上》），進而主張「制民之產」讓老百姓滿足生存的第一需要，享有足夠高的物質生活基礎。人民有「恆產」就有了「恒心」，如果人民都有田、有宅，吃飽、穿暖，人人都能安居樂業，那麼自然就會政通人和，正所謂「得民心者得天下」。反之，就如荀子所講，如果「筐篋已富、府庫已實，而百姓貧，夫是之謂上溢而下漏，人不可以守，出不可以

戰，則傾覆滅亡可立而待也。」（《荀子‧王制》）儒家把改善民生，把富民作為政府不可推卸的政治職責和義務。荀子曰「王者富民」（《荀子‧王制》），孟子則提出「民為貴，社稷次之，君為輕」（《孟子‧盡心章句下》），其中深刻含義都是政府必須要解決人民的生計問題。孟子還把統治者比作「為民父母」，強調父母官的重要職責就是改善人民生活，「為民父母，使民盼盼然，將終歲勤動，不得以養其父母，又稱貸而益之，使老稚轉乎溝壑，惡在其為民父母也！」（《孟子‧滕文公上》）他還嚴厲批評了不顧人民死活，只顧自身享樂，虐政害民的統治者為「率獸食人」，「庖有肥肉，廄有肥馬，民有饑色，野有餓莩，此率獸而食人也。」（《孟子‧梁惠王上》）儒家把改善民生看作是為政之道和善政的表現。在儒家的治國理念中把人民生活品質如何當作衡量一個政權善與惡、社會治理好與壞的重要標準，指出「為政之道，以順民心為本，以厚民生為本，以安而不擾民為本」（《二程文集》）。一個善的政權所治理的社會也必定是一個民生無憂、人民安居樂、生活富足的社會，「大道之行也，天下為公。選賢與能，講信修睦，故人不獨親其親，不獨子其子，使老有所終，壯有所用，幼有所長，矜、寡、孤、獨、廢、疾者，皆有所養。」（《禮記‧禮運》）也正如孟子所言「不違農時，穀不可勝食也；數罟不入洿池，魚鱉不可勝食也；斧斤以時入山林，材木不可勝用也。穀與魚鱉不可勝食，材木不可勝用，是使民養生喪死無憾也。養生喪死無憾，王道之始也。」（《孟子‧梁惠王上》）

　　如今，保障和改善民生，增進民生福祉依舊是國家和政府的首要任務。黨的十八大以來，脫貧攻堅被擺到治國理政突出位置，在1400多個日夜裡，總共有5564萬人擺脫貧困，這相當於一個中等國家的人

口總數，目前，我國脫貧攻堅成為讀秒戰役，平均每三秒，就有一人跨過貧困線，到 2020 年全國 830 多個貧困縣，7017 多萬貧困人口將全部脫貧摘帽，相當於全球其他國家過去 30 年來脫貧人口的總和。黨的十九大報告指出：「必須多謀民生之利、多解民生之憂，在發展中補齊民生短板、促進社會公平正義，在幼有所育、學有所教、勞有所得、病有所醫、老有所養、住有所居、弱有所扶上不斷取得新進展，深入開展脫貧攻堅，保證全體人民在共建共用發展中有更多獲得感，不斷促進人的全面發展、全體人民共同富裕。」以人為本的民生文化，是中華傳統文化的精華之一，其中蘊涵著中國人幾千年來國家治理的經驗和智慧，我們必須將它保留並傳承下去。

4.重修身嚴律己的德文化

西方人自古就有信仰宗教的傳統，主要信仰基督教，強調宗教對人的約束。他們相信上帝創生宇宙並主宰人間，上帝是全知全能、盡善盡美，是絕對的、唯一的、正確的神，而人具有原罪，其為己和邪惡的本性，必然會引起相殘互鬥，上帝引導人類訂立契約，保障社會生活的正常秩序，人只有皈依宗教才能得到拯救。與西方重視宗教性的「彼岸世界」不同，中國更注重人的「此岸世界」，強調通過人自我約束的德性修養引導人們做人處事，來達到建立和諧社會的目的。孔子把「仁」作為人的最高道德原則、道德標準和道德境界，強調通過道德自律和自我修養，來追求個體人格的完善。有一次孔子的弟子顏回請教如何才能達到仁的境界，孔子回答說要「克己復禮為仁。一日克己復禮，天下歸仁焉。為仁由己，而由人乎哉？」（《論語·顏

淵》），就是說，一切都照著禮的要求去做，這就是仁，一旦這樣做了，天下的一切就都歸於仁了，實行仁德，完全在於自己，難道還在於別人嗎？克己就是要克制自己，複禮就是要使自己的行為符合「非禮勿視，非禮勿聽，非禮勿言，非禮勿動」（《論語‧顏淵》）的行為規範。在儒家思想裡「仁」不但對人自身內部的道德要求，更是對人的外部即人與人之間社會關係的道德準則。孔子第一次把整體的道德規範集於一體，形成了以「仁」為核心的社會倫理結構，其中包括孝、悌、忠、恕、禮、知、勇、恭、寬、信、敏、惠等內容。他強調對待別人就像對待自己一樣，將人作為人來看待，他「君子成人之美，不成人之惡」、「己所不欲，勿施於人」（《論語‧顏淵》）、「己欲立而立人，己欲達而達人」《論語‧雍也》的思想對後世產生很大的影響。孟子則認為，「仁、義、禮、智」是人們與生俱來的，他指出「惻隱之心，人皆有之；羞惡之心，人皆有之；恭敬之心，人皆有之；是非之心，人皆有之。惻隱之心，仁也；羞惡之心，義也；恭敬之心，禮也；是非之心，智也。仁、義、禮、智，非由外鑠我也，我固有之也。」（《孟子‧告子章句上》）他從「性善論」出發，提倡「仁者愛人」，進而他反對統治階級「以力服人」的「霸道」，而主張「以德服人」「仁心仁政」的「王道」。儒家還認為具有良好的道德是做人與處事的基礎，要「以德為先」才能把人做好、把事辦好。《禮記‧大學》開篇就指出「大學之道，在明明德，在親民，在止於至善。」就是說君子之學或聖人之學的宗旨是教導人們弘揚光明正大的品德，以達到最完善的境界，之後進一步論述了上自國家元首，下至平民百姓，人人都要以修養品性為根本，要通過提高自身的品德修養來影響他人的行為，以「格物、致知、誠心、正意、修身、齊家、治國、平天下」來達到建立

和諧社會的目的。北宋時期理學創始人之一的張載更是從人與自然、人與社會、人與人、人與內在心靈的角度提出了「為天地立心，為生民立道，為去聖繼絕學，為萬世開太平」（《張子語錄・語錄中》）的道德修養要求。

　　重修身嚴律己的德文化對當今社會仍然具有重要意義。當前制度文化盛行，但是即使有再好的制度，最終也需要由人來維護和執行，法律和制度再細緻，也無法取代人。人性天生具有善和惡的兩面，最科學合理的辦法是採用「德治」與「法治」的有機結合，法律是成文的道德，道德是內心的法律，法律有效實施有賴於道德支持，道德的踐行也離不開法律約束，「德治」與「法治」不可分離、不可偏廢，要相互補充、相互促進、相得益彰。如今，我們在堅持「依法治國」「依規治黨」，推進法治國家、法治政府、法治社會一體化建設的同時，必須注重提升全民族的道德素質，強化道德對法治的支撐作用，只有使道德和法律協同發力，共同發揮作用，才能真正確保國家長治久安。

（二）革命文化

　　革命文化與中國共產黨和中國人民長期的革命鬥爭和建設的實踐密切相關，是中國共產黨在領導中國人民反對帝國主義、封建主義和官僚資本主義的壓迫，實現民族解放與自由以及初步建設社會主義的歷史實踐進程中凝結而成的。革命文化以建立社會主義和實現共產主義為指向，是把馬克思列寧主義與中國具體實際相結合的過程中所形成的物質上的和觀念上的。革命文化凝聚著共產黨人和革命群眾獨特革命理論、理想信念、道德觀念和精神風貌，它兼收並蓄、承上啟

下，既植根於中華優秀傳統文化，又成為社會主義先進文化發展的直接來源，是構成文化自信的一種優質資源。

1. 科學的革命理論

1840 年，鴉片戰爭帝國主義侵略者用堅船利炮敲開了中國的大門，結束了清朝政府「天朝大國」的美好幻想，五千年文明古國從此慘遭帝國主義列強鐵蹄的蹂躪。在封建勢力與帝國主義勢力的妥協下，中國喪權辱國、割地賠款、貧窮積弱，在外國資本主義的入侵和本國地主階級、官僚買辦資本的剝削下，中國自給自足的傳統小農經濟逐漸解體，人民飽受磨難、民不聊生。為了挽救國家和民族的危難，無數仁人志士在理論上進行了長期的探索，但無論是以改朝換代為目的的太平天國農民運動；或者「中學為體，西學為用」的洋務運動；抑或以改良主義為指導的資產階級改良運動；還是以「三民主義」為宗旨的資產階級民主革命，都無法徹底改變中國和中國人民的悲慘命運。1917 年我們的鄰國俄羅斯進行「十月革命」取得成功，建立了世界上第一個社會主義國家，開創了人類歷史的新紀元，並為世界其他各國的民族解放運動提供了啟示。「十月革命」勝利後，馬克思列寧主義傳播到世界各地，也傳到了中國。正如毛澤東同志所講「十月革命一聲炮響，給我們送來了馬克思列寧主義」。中國共產黨自成立之日起，就把馬克思列寧主義作為自己的世界觀，作為改變國家命運，指導革命出路的理論武器。但實踐證明，由於國情的不同，走俄國人的路在我國行不通，生搬硬套的馬克思列寧主義也明顯「水土不服」。在不斷總結挫折與失敗的教訓後，中國共產黨人在理論上進行了積極的探

索。1938 年，毛澤東在黨的黨的六屆六中全會上所作的《論新階段》的政治報告中第一次明確提出了「馬克思主義中國化」的新命題，他指出：「沒有抽象的馬克思主義，只有具體的馬克思主義。」所謂具體的馬克思主義，是指中國對馬克思主義的應用「必須將馬克思主義的普遍真理和中國革命的具體實踐完全地恰當地統一起來，就是說，和民族的特點相結合，經過一定的民族形式，才有用處，決不能主觀地公式地應用它。」[1]1945 年黨的七大上通過的《中國共產黨章程》確定了以馬克思列寧主義的理論與中國革命的實踐之統一的思想──毛澤東思想，作為我們黨一切工作的指導方針，毛澤東思想的正式確立標誌著馬克思主義中國化的第一次歷史性飛躍。毛澤東思想是中國共產黨人集體智慧的結晶，其內容十分豐富，涉及政治、經濟、文化、軍事、外交和黨的建設等方面，是我們黨寶貴的精神財富。其主要內容可以概括為創立了一個思想路線（實事求是的思想路線）；探索出三條道路（農村包圍城市、武裝奪取政權的新民主主義革命道路；適合中國特點的社會主義改造道路；具有中國特色的社會主義現代化建設道路）；形成了三套理論（新民主主義革命理論、社會主義改造理論、社會主義建設理論）。正如列寧說：「沒有革命的理論，就不會有革命的運動」，正是在毛澤東思想的正確指引下，我們科學地解決了新民主主義革命時期所面臨的一系列重大問題，使中國革命面貌煥然一新，實現了民族獨立和國家解放，也正是在毛澤東思想的正確指引下，我們順利地完成了社會主義改造，從此走上了前途一片光明的

1《毛澤東選集》第 2 卷，人民出版社 1991 年版，第 707 頁。

社會主義道路。

2. 堅定的理想信念

　　理想信念是人們在一定的認識基礎上對某種思想或事物的實現所抱有的堅定不移的觀念態度，並身體力行為之奮鬥的心理狀態和精神狀態，是人們的世界觀、人生觀、價值觀在奮鬥目標上的集中體現。在馬克思主義的指導下，中國共產黨始終就把實現社會主義和共產主義作為自己的理想信念，把為中國人民謀幸福，為中華民族謀復興當作自己的初心和使命。理想信念是一個國家、一個民族、一個政黨的精神支柱。一個國家、一個民族、一個政黨如果沒有自己的精神支柱，就等於沒有靈魂，就會失去凝聚力和生命力。中國共產黨之所以能夠把中國人民團結凝聚起來，並領導中國革命和建設不斷地從勝利走向勝利靠的就是共同的理想信念。革命戰爭年代，「為什麼我們過去能在非常困難的情況下奮鬥出來，戰勝千難萬險使革命勝利呢？就是因為我們有理想，有馬克思主義信念，有共產主義信念」[1]。無數仁人志士和革命先輩正是在共產主義理想信念的引領下，為實現民族獨立和解放，為在中國實現社會主義社會，他們義無反顧、無私無畏、視死如歸、堅貞不渝、矢志不移，譜寫出了氣吞山河的壯麗詩篇。方志敏在死囚牢裡寫下了「敵人只能砍下我們的頭顱，絕不能動搖我們的信仰！」的千古絕唱。夏明翰在刑場上高呼革命口號表明共產主義信仰，唱起《國際歌》，慷慨地寫下「砍頭不要緊，只要主義真」的就義詩，

1《鄧小平文選》第 3 卷，人民出版社 1994 年版，第 110 頁。

而從容赴死。趙一曼在酷刑折磨下堅貞不屈，留下了「我的主義、我的信念，絕不更改」的生命絕唱。長征中紅軍戰士搶關奪隘、突破重重險阻，不惜付出一切犧牲，戰勝一切敵人，「革命理想高於天」的理想信念鼓舞了一代又一代革命事業的接班人。堅定的理想信念，是一種強大的精神力量，能夠對人的行動產生巨大的能動性，人無理想信念不立，黨無理想信念不強，只有在堅定的理想信念的指引下，不斷奮勇拼搏，才能夠創造奇跡，幹出驚天動地的偉大事業，不斷從輝煌走向輝煌。

3. 崇高的革命道德和精神

在中國共產黨領導工人運動和農民運動，進行土地革命戰爭、抗日戰爭、解放戰爭，以及社會主義革命與建設的過程中，還形成了具有中國特色的、崇高的、革命道德和革命精神。革命道德是馬克思主義同中國革命與建設的偉大實踐相結合的產物，是對中華民族優良傳統道德在新的歷史時期的繼承和發展。革命道德以為人民服務為核心，以集體主義為原則，提倡全心全意為人民服務、個人服從組織、大公無私、無私奉獻、精忠報國、不怕犧牲、頑強拼搏、自力更生、艱苦奮鬥、熱愛勞動、勤儉節約、律己修身等等。

革命精神中凝聚革命道德，是革命道德的具體表現。在井岡山時期，井岡山的星星之火點亮了中國革命的火種，照亮了中國革命的前程，形成了堅定信念、艱苦奮鬥，實事求是、敢闖新路，依靠群眾、勇於勝利的井岡山精神；在長征時期，中央紅軍通過戰略轉移，為革命保存了力量，粉碎了蔣介石扼殺中國革命的企圖，使中國革命轉危為安，形成了堅信正義事業必然勝利的革命理想和信念，和為了救國

救民不怕任何艱難險阻，不惜付出一切犧牲，獨立自主、實事求是，一切從實際出發，顧全大局、嚴守紀律、緊密團結，緊緊依靠人民群眾，同人民群眾生死相依、患難與共，逆境奮鬥、樂觀向上的長征精神；在延安時期，中國共產黨走向成熟，延安成為中國人民抗日戰爭的領導中心，成為解放戰爭的總後方，成為全國矚目的革命聖地，形成了堅定正確的政治方向、解放思想實事求是，全心全意為人民服務，自力更生艱苦創業，理論聯繫實際、不斷開拓創新的延安精神；在西柏坡時期，中國革命即將全面勝利，是重要的歷史轉捩點，全黨在勝利面前保持了清醒頭腦，形成了敢於鬥爭、敢於勝利，保持謙虛、謹慎、不驕、不躁，保持艱苦奮鬥作風的西柏坡精神。新中國成立以後，我們又形成了雷鋒精神、大慶精神、兩彈一星精神、航天精神、抗震救災精神等富有時代特徵、民族特色的革命精神。革命精神是革命文化的重要組成部分，是中華民族寶貴的精神財富。

4.革命人物事蹟和文學藝術作品

在革命和社會主義建設時期，湧現出了大量可歌可泣的革命人物，在他們的高大形象與崇高人格中所蘊含的理想信念、精神風範、道德情操，已積澱為獨特的精神資源，他們的光輝事蹟和所建立的豐功偉業，給人們留下了不可磨滅的記憶，成為一代又一代中國人的重要精神滋養。為了信念、為了主義而慷慨就義的李大釗、方志敏、夏明翰等等；為了趕跑日本侵略者而英勇犧牲的楊靖宇、趙一曼、左權等等；為了新中國的建立而為國捐軀的董存瑞、劉胡蘭、江竹筠等等；為抗美援朝保家衛國而陣亡的黃繼光、邱少雲、楊根思、孫占元

等等，以及那些叫不上名字的無名英雄，他們永遠活在人民的心中。「萬里長征」「狼牙山五壯士」「八女投江」等等的英雄事蹟光輝依舊、傳揚四海，照亮了中華大地，激勵著中國人民奮勇前行。新中國成立以後，在社會主義建設初期，革命人物更是前赴後繼，英雄輩出。「為人民服務」的楷模雷鋒；「寧可少活二十年，拼命也要拿下大油田」的鐵人王進喜；「身不離勞動，心不離群眾」愛廠如家、艱苦創業的孟泰；「黨的好幹部」「人民的好公僕」無私奉獻的焦裕祿等等，他們在新中國各行各業中發揮了戰天鬥地、不畏艱難、忘我工作、奮力拼搏的模範作用，為社會主義各項建設事業做出了突出的貢獻。

　　在革命和社會主義建設時期，還湧現出了一大批反映革命故事、革命理想和革命生活的文學藝術作品。抗戰時期，延安不僅是共產黨全國抗日的總指揮部，也是革命文藝的大本營。盧溝橋的炮聲一響，全國文藝界人士熱血沸騰，他們結伴同行冒死跋涉，歷盡千難萬險從四面八方湧向延安，集結成一支浩浩蕩蕩的文藝大軍，鬥志昂揚地投入到抗戰的洪流之中。1942 年 5 月中共中央宣傳部在延安楊家嶺召開的座談會，出席會議的作家、藝術家及文藝工作者共 80 餘人，毛澤東同志發表了重要講話。在《在延安文藝座談會上的講話》中他總結了「五四」運動以來中國新文化運動的經驗和教訓，指出了延安和各抗日根據地文藝界存在的問題，強調「一切文化或文學藝術都是屬於一定的階級，屬於一定的政治路線的。為藝術的藝術，超階級的藝術，和政治並行或互相獨立的藝術，實際上是不存在的。」[1] 提倡文藝應以

1《毛澤東選集》第 3 卷，人民出版社 1991 年版，第 865 頁。

人民為中心,為工人、農民、軍隊、城市小資產階級勞動群眾和知識
份子服務。延安文藝座談會以後,革命文藝創作迎來了高峰期,先後
出現了《東方紅》《繡金匾》《高樓萬丈平地起》《黃河大合唱》《八
路軍進行曲》《延安頌》《南泥灣》等膾炙人口的革命歌曲;先後創
作了《李有才板話》《太陽照在桑乾河上》《暴風驟雨》《呂梁英雄
傳》等革命小說;先後創辦了《大眾文藝》《文藝戰線》《部隊文藝》
《新詩歌》等革命刊物;還有大量反映戰爭年代人民的戰鬥、工作、
生活和學習的油畫、年畫、版畫、漫畫、連環畫、雕塑、剪紙等豐富多
彩的美術作品。新中國成立以後,1956 年 4 月中共中央確定「百花齊
放、百家爭鳴」的文化工作方針,調動了人們進行文化建設的積極性,
在黨的領導下文藝工作者更是以創作反映崇高的革命追求、堅定的革
命理想和樂觀的革命精神的文藝作品而無上光榮。有《智取威虎山》《紅
燈記》《沙家浜》《杜鵑山》《紅色娘子軍》《白毛女》等革命戲劇;
有《紅旗譜》《紅日》《紅岩》《創業史》《山鄉巨變》《青春之歌》《保
衛延安》《林海雪原》等紅色經典長篇小說;有《我們走在大路上》《北
京的金山上》《東方紅》《社會主義好》《紅星照我去戰鬥》等革命
歌曲。這些優秀的革命文學藝術作品歷久彌新,至今仍被人們所傳頌,
對塑造和引領當代人們的道德理想與價值追求依舊發揮著不可替代的
重要作用。

(三)社會主義先進文化

在中國改革和建設的偉大實踐過程中,在繼承和弘揚中華優秀傳
統文化、革命文化、吸收借鑒外來進步文化的基礎上,我們還形成了

以馬克思主義為指導，以培育有理想、有道德、有文化、有紀律的社會主義公民為目標，面向現代化、面向世界、面向未來的，民族的科學的大眾的社會主義先進文化。社會主義先進文化符合時代進步潮流和歷史發展要求，展現出強大的凝聚力、影響力和創造力，對於推進中國特色社會主義事業向前發展具有重要的指導意義，是實現文化自信的重要源泉。

1. 中國特色社會主義共同理想

理想信念是一個政黨治國理政的旗幟，是一個民族奮力前行的嚮導。中國共產黨成立以後把奮鬥目標分為最低領綱和最高領綱兩個部分，實現共產主義的遠大理想是我們黨的最高綱領，是所要達到的最高目標，而最低綱領則根據革命或建設的不同發展階段的客觀實際有所不同，在新民主主義革命時期黨的最低綱領是反帝、反封建、反官僚資本主義建立新民主主義國家，在社會主義改造時期黨的最低綱領是完成社會主義改造，向社會主義過渡，在社會主義初級階段黨的最低綱領是建設有中國特色社會主義的經濟、政治、文化，實現中華民族的偉大復興。最高綱領和最低綱領是辯證統一在一起的，最高綱領為最低綱領的制定指明前進方向、提供前進的動力，而最低綱領為最高綱領的實現提供必要的現實條件，只有一步步實現最低綱領才能最終實現最高綱領。當下，我們的最低綱領就是實現中國特色社會主義的共同理想，所謂中國特色社會主義的共同理想，就是在中國共產黨領導下，馬克思列寧主義和中國特色社會主義理論的指導下，走中國特色社會主義道路，實現國家的現代化，實現中華民族的偉大復興。

建設中國特色社會主義，實現中華民族的偉大復興的共同理想是把我們國家的發展、民族的振興和個人的幸福緊密地聯繫在一起，它集中了我國工人、農民、知識份子和其他勞動者、建設者、愛國者的共同利益和願望，凝聚著各黨派、各團體、各民族、各階層、各界人士的智慧和力量，是保障全體人民在政治上、經濟上、文化上團結一致，克服困難，創造美好未來的強大精神紐帶。為實現中國特色社會主義共同理想，我們黨在十八大報告中提出「兩個一百年」的奮鬥目標，即到 2021 年中國共產黨成立一百周年時我國要全面建成小康社會；到 2049 年新中國成立一百周年時把我國建設成富強、民主、文明、和諧的社會主義現代化國家。如今，解決人民溫飽問題已提前實現、人民生活總體上達到小康社會的目標即將完成。我們在實現第一個百年奮鬥目標後，不能停止腳步，還要乘勢而上開啟全面建設社會主義現代化國家新的征程，向第二個百年奮鬥目標奮力前行。綜合分析國際國內形勢和我國發展條件，黨的十九大報告適時提出把 2020 年到本世紀中葉分成兩個階段來安排，第一個階段，從 2020 年到 2035 年，在全面建成小康社會的基礎上，再奮鬥十五年，基本實現社會主義現代化；第二個階段，從 2035 年到本世紀中葉，在基本實現現代化的基礎上，再奮鬥十五年，把我國建成富強、民主、文明、和諧、美麗的社會主義現代化強國。到那時全體人民共同富裕基本實現，人民將享有更加幸福安康的生活，中華民族將以更加昂揚的姿態屹立於世界民族之林。以中國今天的輝煌成就和發展態勢，我們有理由相信我們比歷史上任何時期都更接近、更有信心和能力實現中華民族偉大復興的目標，在黨的領導下，中國特色社會主義共同理想正一步步地變成現實。

2. 民族精神和時代精神

　　民族精神是一個民族在長期的共同社會實踐中形成的民族意識、民族心理、民族品格、民族氣質、民族信仰、民族價值觀等的總和，是一個民族文化最本質、最集中的體現，是一個民族賴以生存、共同生活、共同發展的核心和靈魂。在五千多年的發展歷史中，中華民族形成了以愛國主義為核心，團結奮鬥、愛好和平、以人為本、勤勞勇敢、自強不息的偉大民族精神。愛國主義是中華民族生生不息、薪火相傳的精神血脈，是維護國家團結統一、鼓舞人們奮發進取的精神旗幟。在革命時期，愛國主義表現為「堅持國家和民族利益至上、誓死不當亡國奴的民族自尊品格，萬眾一心、共赴國難的民族團結意識，不畏強暴、敢於同敵人血戰到底的民族英雄氣概，百折不撓、勇於依靠自己的力量戰勝侵略者的民族自強信念，開拓創新、善於在危難中開闢發展新路的民族創造精神，堅持正義、自覺為人類和平進步事業貢獻力量的民族奉獻精神。」[1]在中國特色社會主義改革和建設的新時期，愛國主義則表現為，擁護黨的領導和社會主義制度，擁護祖國和平統一，反對分裂，擁護祖國各項事業建設，維護改革發展穩定的大局，樹立民族自信心和自豪感，團結奮進實現中華民族的偉大復興，努力把我國建設成富強、民主、文明、和諧、美麗的社會主義現代化強國。

　　在中國特色社會主義改革和建設的新時期，我們還形成了「以改

---

[1] 胡錦濤：〈在紀念中國人民抗日戰爭暨世界反法西斯戰爭勝利 60 周年大會上的講話〉，《人民日報》2005 年 9 月 4 日，第 1 版。

革創新為核心的以人為本、和平發展、社會和諧、與時俱進」的時代精神。時代精神代表著時代發展潮流，體現了當代中國最突出的精神面貌和價值取向，對中國社會發展產生了積極的影響，它已經深深地融入我國經濟、政治、文化、社會、生態建設的各個方面，成為各族人民不斷開創中國特色社會主義事業新局面的強大精神動力。從某種意義上來說，一部中國特色社會主義建設的歷史就是一部不斷全面深化改革的歷史，正是在不斷地深化改革和調整的過程中，生產關係更加適應生產力發展，上層建築更加符合經濟基礎的要求，從而使社會主義經濟更具活力、政治更加完善、文化更加繁榮、社會更加和諧、生態更加美麗。如今，我國的改革力度不減，正在全面發力、多點突破、縱深推進，確保了中國特色社會主義事業向前平穩發展。創新是在前人實踐和認識的基礎上，敢於打破常規，勇於拋棄舊思想、舊事物，創立新思想、新事物的思維方式。當下，創新已不再是個體的卓越行為，而是轉變為人類生存競爭必不可缺的一種素質，成為一個民族進步的靈魂，成為國家興旺發達的不竭動力。世界主要國家無一不是通過創新來促進各項事業的發展，來謀求國際競爭力的提升，一個沒有創新能力的民族，必將難以屹立於世界先進民族之林。十九大報告強調指出「世界每時每刻都在發生變化，中國也每時每刻都在發生變化，我們必須在理論上跟上時代，不斷認識規律，不斷推進理論創新、實踐創新、制度創新、文化創新以及其他各方面創新。」才能推進中國特色社會主義各項事業的發展，才能奮力奪取新時代中國特色社會主義的偉大勝利。

3.社會主義道德體系

提升中華民族的思想道德素質，建立社會主義道德體系，是社會主義先進文化的重要內容，也是中國特色社會主義文化建設的根本任務。我們國家在發展社會主義市場經濟實現物質文明的同時，還要高度重視精神文明的協調發展，在堅持「依法治國」實現法制社會的同時，還應注重提升全民族的思想道德素質，強調「德治」與「法治」相結合。在繼承和發展中華民族幾千年來形成的傳統美德，發揚黨領導人民在長期革命鬥爭與建設實踐中形成的優良革命道德，借鑒世界各國道德建設的成功經驗和先進文明成果的基礎上，形成了以為人民服務為核心、以集體主義為原則、以誠實守信為重點的社會公德、職業道德、家庭美德、個人品德的社會主義道德體系。國家在全社會大力倡導「愛國守法、明禮誠信、團結友善、勤儉自強、敬業奉獻」的基本道德規範，努力提高公民道德素質，促進人的全面發展，培養一代又一代有理想、有道德、有文化、有紀律的社會主義公民。社會公德是指全體公民在社會交往和公共生活中應該遵循的行為準則，它涵蓋了人與人、人與社會、人與自然之間的關係，在維護公眾利益、公共秩序，保持社會穩定方面起到突出作用，主要包括文明禮貌、助人為樂、愛護公物、保護環境、遵紀守法等；職業道德是指所有從業人員在職業活動中應該遵循的行為準則，涵蓋了從業人員與服務對象、職業與職工、職業與職業之間的關係，主要包括愛崗敬業、誠實守信、辦事公道、服務群眾、奉獻社會等；家庭美德是指每個公民在家庭生活中應該遵循的行為準則，涵蓋了夫妻、長幼、鄰里之間的關係，主要包括尊老愛幼、男女平等、夫妻和睦、勤儉持家、鄰里團結

等；個人品德是指個人依據一定的道德行為準則在行動時所表現出來的穩定的心理特徵及價值取向，個人品德是社會公德、職業道德、家庭美德的重要基礎和前提，是社會主義道德建設的基石，包括勤奮刻苦、勤儉自強、正直善良、克己奉公、見義勇為等等。社會主義道德體系涵蓋了個人與社會生活的方方面面，在倫理道德上規範著社會的每一角落，指引著全社會以更有序的方式向前發展，對於建設有中國特色社會主義偉大事業的順利進行，具有十分重要的意義。

4.社會主義核心價值觀

馬克思主義哲學認為，文化是人實踐的對象化，是歷史地凝結成的人的生存方式和發展方式。文化其中有著豐富的價值內涵，並且這種價值內涵化成為人的價值觀存在於具體的文化模式之中。價值觀在文化中處於核心地位，是文化的靈魂和精髓，而文化本身的發展又被一定的價值目標所引領，受到價值觀的深刻影響，文化與價值觀存在著互容互滲，互引互化的密切關係，文化自信本質就是價值觀的自信。黨的十八大首次明確提出「三個倡導」，即「倡導富強、民主、文明、和諧，倡導自由、平等、公正、法治，倡導愛國、敬業、誠信、友善」，這就是 24 個字的社會主義核心價值觀內容。社會主義核心價值觀是在當今中國社會精神生活領域占主導和引領地位的價值觀念，包含著國家、社會、個人三個層面。國家層面「富強、民主、文明、和諧」是我國社會主義現代化國家的建設目標，也是當代中國國家發展的價值凝練，在社會主義核心價值觀中居於最高位置，處於統領地位。社會層面「自由、平等、公正、法治」是對建設社會主義和諧社會的

生動表述，是當代中國社會進步的價值理念，體現了人們對美好社會的嚮往。個人層面「愛國、敬業、誠信、友善」是當代中國公民素養的價值規範，也是公民必須恪守的基本道德準則和評價公民道德行為的基本價值標準。三個層面的價值觀相互支撐，相互影響。「只有富強、民主、文明、和諧的國家價值觀，才能促進自由、平等、公正、法治社會的建設，才能喚起公民的愛國敬業的責任感，才能培育誠信友善的公民；只有弘揚自由、平等、公正、法治的社會價值觀，才能有助於實現富強、民主、文明、和諧的國家發展的價值目標，才能鼓勵愛國、敬業、誠信、友善的公民；同時，只有愛國、敬業、誠信、友善的公民，才能構建自由、平等、公正、法治的社會，才能建設富強、民主、文明、和諧的國家。」[1]對於國家、社會和個人而言，社會主義核心價值觀就像「北斗星」和「羅盤」一樣指引著我們行動的方向，在共同目標的指引下，它能化作一種精神力量規範每一個人的行為，確保全體人民步調一致地走在中國特色社會主義的康莊大道上。

二、堅持文化自信抵禦西方文化殖民

　　冷戰以後，西方的主要殖民活動已由軍事、政治、經濟領域擴展到更隱蔽的文化領域。當下，文化殖民成為西方資本主義國家控制他國的重要手段。中國在政治、經濟、軍事領域的實力已經非常強大，

---

1 韓震、章偉文等：《中國的價值觀》，中國社會科學出版社 2016 年版，第 329-330 頁。

但是文化領域還深受西方國家的控制和影響，在審美標準、價值觀念、意識形態、宗教信仰方面，崇洋媚外的文化自卑感還依然存在於一些人的內心之中。堅持文化自信自覺抵禦西方文化殖民，是我們必須要高度重視的時代課題。

（一）文化殖民是西方殖民主義的新形式

西方資本主義的發展一直伴隨著殖民主義的擴張，其發展是建立在佔領、奴役和剝削弱小國家、民族和落後地區基礎之上的，西方資本主義的發展史是一部飽含著亞非拉人民血與淚的歷史。在資本主義原始積累時期和自由競爭時期，西方國家通過強大的軍事實力、經濟和政治手段以暴力武裝、買賣奴隸、海外移民、貿易欺詐等形式來進行瓜分世界的殖民活動，把不發達國家、民族和地區變成自己的殖民地或半殖民地，變成自己商品的傾銷地、原料和廉價勞動力的來源地。第二次世界大戰後，隨著民族獨立意識的覺醒，民族獨立運動高漲，大批的亞洲、非洲、拉美等國家紛紛取得獨立，摧毀了帝國主義的舊殖民體系。但是仍舊奉行殖民主義的西方國家轉而採用間接的、更加隱蔽的、更具有欺騙性的新形式來維護和謀求其殖民利益。在政治上，雖然承認殖民地、半殖民地國家獨立，但是通過傀儡政府或扶植代理人來實行控制；在經濟上，通過不平等貿易、組織跨國公司等手段，控制經濟命脈實行掠奪；在軍事上，通過提供武器、資金和訓練軍隊等「援助」策動政變、挑起內戰，通過建立軍事基地、駐紮軍隊等，實行變相的軍事佔領。如今，隨著不發達國家在經濟、政治、軍事、科技等領域實力的提升，世界朝「多極化」方向發展，原有的殖民形

式日漸式微，但是資本追求無限增殖的嗜血本性依舊沒有改變，為了尋求新的利潤增長點，殖民活動由軍事、政治、經濟領域擴展到文化領域，文化殖民成為當代西方資本主義國家控制他國的重要殖民手段。文化殖民與軍事、政治、經濟殖民相比不容易引起直接的反抗，更加具有隱蔽性，這種類似精神鴉片的文化入侵，在潛移默化中發揮作用，能使別人自覺或不自覺地成為西方文化殖民的幫兇。文化殖民表面上披著多元文化互通交流的合法外衣，實則是通過報刊、書籍、廣播、電影、電視臺和互聯網等媒介強力推行西方的審美標準、價值觀念、宗教信仰、政治理念、意識形態、生活方式等來消滅他國本土民族文化基因，實現控制他國的目的。文化殖民可以稱得上是一場沒有硝煙的戰爭。

（二）中國應時刻警惕文化殖民

在政治方面，中國的歷史和人民選擇了社會主義制度，走上了中國特色社會主義道路。按照馬克思、恩格斯當年科學社會主義理論構想，社會主義是一種比資本主義更高、更先進的社會制度，社會主義必將代替資本主義。經過我國長期的實踐證明，中國特色社會主義制度確實具有無比的優越性，具體表現為有利於保持黨和國家的活力，調動廣大人民群眾的積極性、主動性、創造性；有利於解放和發展社會生產力，推動經濟社會全面發展；有利於維護和促進社會公平正義，實現全民共同富裕；有利於集中力量辦大事，有效應對前進道路中風險挑戰；有利於維護民族團結、社會穩定、國家統一。中國特色社會主義制度的獨特優勢造就了人類文明史上的發展奇跡，經過改革

開放 40 年的發展，我國綜合國力明顯增強，國際地位顯著提高，世界風景中國這邊獨好。在經濟方面，中國特色社會主義市場經濟表現出強大的活力，中國經濟一直保持高速增長態勢。到 2010 年我國 GDP 總量超越日本，成為世界第二大經濟體，到 2014 年中國工業產值占世界22％，有 221 種工業產品位列世界第一。目前我國高速公路總里程達13.1 萬公里，位居世界第一；高鐵總里程達 2.2 萬公里，位居世界第一，總里程超過第 2 至第 10 位國家的總和；公路和鐵路橋梁總數已超過 100 萬座，位居世界第一；中國網絡光纜線路總長 3041 萬公里，位居世界第一，我國還是世界最大的汽車市場、服裝市場、手機市場、鋼鐵消費市場、食品消費市場、進出口貿易市場等等。「一帶一路」「亞投行」「金磚四國」「中國製造 2025」等都體現著中國強大的經濟實力，中國航天、中國超算、中國新能源、中國橋樑、中國電商、中國交通已成為響亮世界的「中國名片」，高鐵、支付寶、共用單車、網購，「新四大發明」更是吸引了全世界的目光。的確可以說，在政治和經濟方面我們成就顯著，底氣十足，自信滿滿，但是在精神文化方面，我們一定程度上還在受西方文化殖民的影響，「外來的和尚會念經」「外國的月亮比中國的圓」「西方是天堂」的崇洋媚外的文化自卑感還依然存在於一些人的內心之中。中國應積極提防、時刻警惕西方文化殖民，堅決不做「勝利的失敗者」。

（三）文化殖民在中國的表現及應對

在審美標準方面，西方國家以其強大的政治、經濟和軍事實力為依託，通過廣告、電影、流行音樂、體育賽事、時裝、遊戲等強力輸出

其審美觀念，使「他者」有意識或者無意識地以西方的審美標準去思考、衡量、評判本國事與物，對本土化的審美標準造成了極大的扭曲。中國改革開放以來，在我們倡導與「國際接軌」的過程中，中國人的審美觀念和審美標準也受到了極大的衝擊和挑戰，至今仍對我們的生活產生著深刻的影響。當下，很多中國人以白皮膚、黃頭髮、高鼻樑、藍眼睛、厚嘴唇為美，所以美白皮膚、染黃頭髮、戴美瞳、整容成為流行時尚，紛紛趨之若鶩；西方的著裝觀念、著裝方式也成為人們模仿的對象，西裝、乞丐褲遍佈大街小巷；西方的情人節、聖誕節、感恩節等「洋」節在中國悄然興起，人們對「洋」節的重視程度甚至超越了我國傳統的七夕節、中秋節、端午節，傳統的節日習俗也被拋到腦後；我們的樓盤、街道、商場甚至連人都以起一個西方化的名字而顯得更為「高端」；我們的電影以獲得奧斯卡獎提名或參評戛納電影節金棕櫚獎而感到「光榮」；我們的文學作品以獲得諾貝爾獎而「無上榮耀」等等。曾幾何時，在一些中國人眼中德國的產品就是「精工」之作，日本人人都具有「匠人精神」，連美國的空氣都帶有「甜美」的味道。當你跑到香港買國外名牌手錶、箱包、化妝品，從日本往回背馬桶蓋，從澳大利亞帶奶粉，從美國帶營養品時你是否意識到你正在主動地接受文化殖民？當你跑到韓國整容，連夜追美劇，為追逐國外明星而癲狂，為吃洋速食而放棄營養，為獲得一部高價 iPhone 手機而排長隊時，你又是否意識到你的審美標準正在悄悄地被改變？審美觀念上，各個國家或民族都有自己的傳統和特色，一直就是多元多樣的，中國在五千多年的歷史中來形成了自己的傳統和特色，具有中華民族獨特的標識，如果我們將審美標準全接到西方文化的軌道上，那就無異於在精神上自取滅亡。只有堅持自己的傳統和特色，對自己的

審美標準充滿自信，才能不被西方所同化。

在價值觀方面，改革開放以來西方的所謂「普世價值」隨著來自西方世界的商品、影視作品和資本一併湧入國內。至今有關「普世價值」的爭論，仍不絕於耳。西方的「普世價值」帶著偽善的面具，極力推行所謂的自由、平等、民主、人權等價值觀念，從字面上看自由、平等、民主、人權是多麼美好，它不是人類社會所共同追求的目標嗎？其實這也正是「普世價值」所迷惑中國人的根本所在。在一些中國人眼中認為西方國家就代表著自由、平等、民主、人權，而我國人民則過著非自由、非平等、非民主、非人權的生活，這是一種極其狹隘和短視的偏見。我們更應該透過現象看其本質，西方的「普世價值」是建立在資本主義生產資料私有制的基礎之上的，認為只有資本主義市場經濟才能保障自由、平等、人權，只有資本主義制度才是人類社會最美好的社會制度，西方推行「普世價值」的實質就是否定中國共產黨的領導，否定馬克思主義意識形態，否定以公有制為基礎的社會主義制度。馬克思歷史唯物主義告訴我們，作為上層建築中構成意識形態的價值觀，必然包含著階級對立的因素，在不同時期、不同國家和民族、不同的社會制度必然會產生不同的價值觀，所以根本就沒有適合一切時期、一切國家和民族、一切社會制度的價值，有的只是，在一定時期、一定國家和民族範圍內、一定的社會制度之中所共同適用的共同價值。「普世價值」根本就不適合中國，我們也沒有必要跟在西方之後，被西方牽著鼻子走。我國社會主義制度也提倡自由、平等、民主等價值觀念，社會主義核心價值觀中也包含著自由、平等、民主等內容，但是這與西方的價值觀有著根本的區別。西方標榜的「自由」演化為個人主義，強調個人利益至上，而我們社會主義

的自由是擺脫了階級剝削和壓迫的，以「人的全面而自由的發展」為原則的自由，是提倡從國家和民族的大局出發，在集體主義的基礎上充分保障個人權益的自由。西方提倡的「平等」也不是無差別的人類平等，只不過是西方世界內部人的平等，歷史上西方國家的發展無不是建立侵略和剝削其他國家人民的不平等之上實現的，而中國自古就有「天下為公」「大同世界」的價值觀念，中國人歷來反對非正義的戰爭。明代鄭和先後七次下西洋，給世界各國帶去不是戰爭和殖民侵略，而是自願交換、平等互利、合作共贏。而我們社會主義的平等是勞動人民共同佔有生產資料、消滅階級剝削和對立、消除兩極分化、走共同富裕道路的平等，是把國家和民族的利益看得高於一切，通過「集中力量辦大事」，發展成果由人民共用的平等。西方所崇尚的一人一票的「民主」，逐漸成為政客玩弄政治的手段，成為資本操控政治的工具，經我國實踐證明由於經濟基礎不同，西方的普選制、議會制、三權分立制、多黨制在我國根本行不通，而我們社會主義的民主是在中國共產黨的領導下，在社會主義生產資料公有制基礎上，採用民主集中制所實現的人民民主，真正實現了人民當家作主。西方所謂的「人權」也只不過是少數白種人專享的人權，在美國種族歧視根深蒂固，黑人、印第安人、亞裔和拉美裔在教育、醫療、就業等方面仍受著不平等的對待。因此，只有社會主義核心價值觀才符合我國歷史文化傳統、社會制度和現實需求，我們必須堅持自己的價值觀，自信於社會主義核心價值觀，絕不能受西方「普世價值」的蒙蔽。

　　在意識形態方面，冷戰開始後西方資本主義國家開始有計劃、有步驟、有目的地摧垮社會主義國家的意識形態，從而達到和平演變的目的。美國前國務卿杜勒斯在 1953 年首次提出「和平演變」概念，並

給出了進行和平演變的十條誡命，即通過醜化共產黨的領導人形象、通過各種媒介極力宣傳西方的價值觀念來破壞傳統價值觀、鼓動社會主義國家民主運動、用物質引誘和敗壞青年思想道德、挑起事端挑撥少數民族關係、鼓勵政府花費製造通貨膨脹等等來搞垮社會主義國家意識形態。對中國而言，雖然我們在國際共產主義運動的低潮中逆流而上，但是還要必須繃緊意識形態領域鬥爭的神經而絕不能鬆懈，意識形態工作仍舊關乎黨和國家前途命運的一項極端重要的工作。當前我國還有一部分群眾受西方意識形態的影響，方向迷失、精神萎靡、道德滑坡、唯利是圖、拜金主義、仇視政府，否定馬克思主義、否定中國共產黨的領導、否定社會主義制度；還有一些黨員幹部價信仰喪失、理想信念動搖、貪污腐敗、奢靡享樂、鋪張浪費、貪圖名利、以權謀私，弄虛作假，長期脫離人民群眾，嚴重損害黨的形象；還有一些學者「言必稱希臘」、為資本站臺、為西方唱讚歌，全盤照搬西方理論，主張用西方理論解釋中國等等，不得不讓人擔憂。為了防止西方敵對勢力通過意識形態領域對我國實行「西化」和「分化」的企圖，我們就必須堅持中國特色社會主義道路、理論、制度、文化的鮮明特色和顯著優勢。堅持以經濟建設為中心，大力解放和發展生產力，通過實現廣大人民群眾共用發展成果來提高社會主義意識形態的吸引力和凝聚力；要增強黨員幹部對馬克思主義的信仰，對社會主義和共產主義信念的認同，做真正的、堅定的馬克思主義者；積極建設具有中國特色的，以馬克思主義為指導的哲學社會科學學科體系、學術體系、話語體系，提高學術創新能力，用中國的理論來解釋和指導中國。只有牢牢掌握意識形態工作領導權和主導權，鞏固馬克思主義在意識形態領域的指導地位，才能使全黨、全社會在思想上團結統一起來，

自覺抵禦西方意識形態的入侵，堅定不移地實行中國特色社會主義制度，毫不動搖地走中國特色社會主義道路。

在宗教信仰方面，西方宗教伴隨帝國主義的入侵和殖民擴張大面積傳入我國，對我國人民政治、經濟和文化生活產生了深刻的影響，如今帝國主義已經被趕跑，舊的殖民方式逐漸退出歷史舞臺，但是西方宗教的部分影響依然還在。西方宗教是具有很強侵略性的，歷史上西方宗教憑藉軍事侵略和不平等條約的保護進入我國，其目的就是使中國人的信仰西方化，進而毀滅中國人固有的精神家園，其本質就是一場文化侵略和殖民。在存在階級對立的社會中，宗教作為社會意識和上層建築中最重要的組成部分，不可避免地具有階級屬性，它能融入統治階級的意圖，成為統治階級的政治工具，西方宗教一旦被西方反華勢力所利用，就會成為顛覆我國社會主義政治制度的重要手段。例如，西方宗教勢力與反華勢力相勾結損毀中國的國際形象，利用宗教名義來支持和鼓動「藏獨」「疆獨」等分裂活動。其實，西方人有西方人的宗教信仰，中國人有中國人的廟堂觀念，中國自古就儒、釋、道等多教派並存，廟堂裡供奉的神遠比西方多得多，西方教堂充其量只是精神寄託，而中國的宗廟則承載著豐富多彩、博大精深的文化內涵，更具人文關懷的氣息。我們只有在信仰上堅持自信，守住中國人自己的精神家園，才能阻擋西方宗教對我們思想上的洗腦和精神上的侵蝕，才能抵禦西方宗教跨越國家和民族的界限所進行的文化殖民。我們只有把西方宗教神學思想與中國文化和民族精神相結合，使之有利於增進人民團結，促進社會進步，使之與社會主義社會相適應，吸收其有益的、向善的一面，消除其有害的一面，才能徹底擺脫西方宗教的羈絆和西方宗教所帶來的文化殖民。

三、挺起中華民族文化脊樑從文化自信走向文化自強

（一）文化是一個國家、一個民族的靈魂

　　無論哪一個國家、哪一個民族，如果不珍惜自己的思想文化，丟掉了這個靈魂，這個國家、這個民族是不可能站立起來的。中華民族素有文化自信的氣度，正是有了對民族文化的自信心和自豪感，才在漫長的歷史長河中保持自己，形成了獨具特色、輝煌燦爛的中華文明。堅持文化自信，我們不能自輕自賤、自貶自卑、自暴自棄，我們反對文化殖民也絕不是閉關自守、故步自封、唯我獨尊。虛心學習、積極借鑒別國別民族思想文化的長處和精華，一直是增強本國本民族思想文化自尊、自信、自立的重要條件，正是在與不同國家和民族文化的交流、交融、交鋒中我們的文化更加繁榮，中華文明更加璀璨。正如習近平總書記所講：「站立在 960 萬平方公里的廣袤土地上，吸吮著中華民族漫長奮鬥積累的文化養分，擁有 13 億中國人民聚合的磅 之力，我們走自己的路，具有無比廣闊的舞臺，具有無比深厚的歷史底蘊，具有無比強大的前進定力。中國人民應該有這個信心，每一個中國人都應該有這個信心。我們要虛心學習借鑒人類社會創造的一切文明成果，但我們不能數典忘祖，不能照抄照搬別國的發展模式，也絕不會接受任何外國頤指氣使的說教。」總之，文化自信要堅持不忘本

來、吸收外來、面向未來的原則。以科學理性的態度對中國傳統文化進行反思，「取其精華，去其糟粕」，批判繼承，做到古為今用；正確對待別人的文化，尊重他人文化，承認世界文化的多樣性，結合中國的實際情況和自身發展需要，有選擇地借鑒和吸收外來先進文化，做到洋為中用；充分認識中國文化的獨特優勢，展望未來發展前景，讓中華文明同世界各國人民創造的豐富多彩的文明一道為人類提供正確的精神指引和強大的精神動力。

（二）文化自信的最終目的是要實現文化自強

所謂「自」，「就是立足自己的實際，依靠自己的力量，突出自己的特色，走自己的文化發展道路，建設面向現代化、面向世界、面向未來，民族的科學的大眾的社會主義先進文化」；所謂「強」，「就是要使我們的文化具有強大的吸引力影響力、強大的活力創造力、強大的實力競爭力，把我國建設成一個中國特色社會主義的文化強國。」[1] 我們是文化資源大國，但還不是文化強國，當今世界文化的主導權和話語權還控制和掌握在西方國家的手中，西方中心主義的文化霸權借助全球化的趨勢仍在全球積極擴張。美國學者法蘭西斯・福山提出「歷史終結論」，在他看來，蘇聯解體與東歐劇變標誌著共產主義的終結，人類社會的發展史最終都指向於西方資本主義文明，西方的市場經濟、民主政治和文化將成為「人類最後一種統治形式」。在「歷史終

---

1 雲杉：《文化自覺文化自信文化自強——對繁榮發展中國特色社會主義文化的思考（下）》，《紅旗文稿》2010 年 17 期，第 4 頁。

結論」的影響下，西方國家普遍認為中國也必然要被西方資本主義所
征服，「中國崩潰論」不絕於耳。隨著中國以西方不認可的模式迅速
崛起，給西方世界帶來了相當的震撼，西方國家又鼓吹「中國威脅論」
來極力唱衰中國。但是，「中國的崛起不是一個普通國家的崛起，而
是一個五千年連綿不斷的偉大文明的復興，是一個人類歷史上聞所未
聞的超大規模的『文明型國家』的崛起。」[1] 事實證明，中國特有的文
化基因並不比西方差，而且優勢更加明顯，中國的和平崛起使「歷史
終結論」不攻自破，福山也不得不表明「歷史終結論」還有待進一步推
敲和完善，中國沒有崩潰，更沒有對世界產生威脅。中國以其深厚的文
化底蘊和獨特的精神標識，為世界文明做出了原創性的貢獻，中國文化
中所蘊含的智慧，也為其他發展中國家的進步提供了可借鑒的寶貴經驗。

　　如今，中國共產黨和中國人民正在全力打造中國文化的軟實力，
提升中華文化的影響力。我們推動中華傳統文化創造性轉化和創新性
發展，使收藏在博物館裡的文物、陳列在廣闊大地上的遺產、書寫在
古籍裡的文字都活起來，把跨越時空、超越國度、富有永恆魅力、
具有當代價值的文化精神弘揚起來，並且理直氣壯地傳播出去。截至
2015 年 12 月，全球 100 多個國家和地區已有 500 餘所孔子學院和近
1000 餘個中小學孔子課堂，學員總數達 190 萬人；到 2017 年全球已有
60 多個國家將漢語教學納入國民教育體系，全球學習漢語者從 2004
年的近 3000 萬人已經攀升至 1 億人，「漢語熱」逐步成為全球潮流；
在全世界，「中國文化年」「中國文化月」「中國文化周」等活動已

---

1 張維為：《中國震撼：一個「文明型國家」的崛起》，上海人民出版社 2011 年版，
　第 2 頁。

經成為外國人文化生活的一項重要內容，受到了普遍歡迎；近年來中國總是能及時擺脫殃及全球的「金融危機」的影響並且在全球經濟不景氣的情況下迎難而上始終保持中高的發展態勢，使越來越多的西方學者把目光投向了中國，他們撇開政治和經濟，而是在文化上開始重新尋找、反思和研究中國破解世界難題的深層次根源。可以說，中華文化的魅力正在對西方國家和人民產生深刻的影響，古老的東方文明古國中國正在煥發青春。

（三）文化自信是民族復興之根

十九大報告指出：「文化興國運興，文化強民族強。沒有高度的文化自信，沒有文化的繁榮興盛，就沒有中華民族偉大復興。」歷史和現實都告訴我們，一個國家、一個民族不僅要在政治和經濟上自信自強，更要在思想文化上自信自強，如果在這一步上走不出去，中華民族就不能在全世界抬起頭來、挺起胸來。我們應及時地把文化改革發展納入經濟社會發展總體規劃中，牢牢把握文化發展主動權，統籌推進文化建設與經濟建設、政治建設、社會建設、生態文明建設協調發展，緊緊抓住自己的文化優勢，挺起中華民族文化脊樑從文化自信走向文化自強。我們有理由相信，在中華優秀傳統文化、革命文化、社會主義先進文化相互融合的基礎上，我們能夠打造具有中國特色、中國風格、中國氣派的話語體系，打破西方話語的偏見。在面對當今世界多元文化的衝擊和碰撞時，我們能夠自信地發出中國聲音、講好中國故事、提供好中國方案。我們也更有理由相信在中國共產黨的領導下，在全體中國人民的共同努力下，堅持中國特色社會主義文化發展道路，把我國建設成具有中國特色的社會主義文化強國，徹底實現

中華民族的全面復興。

第六章

中國共產黨如何確保始終有自信
——做新時代自信的中國共產黨人

習近平總書記在慶祝中國共產黨成立 95 周年大會上指出：「有了『自信人生二百年，會當水擊三千里』的勇氣，我們就能毫無畏懼面對一切困難和挑戰，就能堅定不移開闢新天地、創造新奇跡。」對於中國共產黨而言，自信不僅僅是一個理論問題或者實踐問題，更是一個關乎民族命運、關乎黨性宗旨的問題。因為自信是理想和信念的自然流露和生動表達，擁有堅定的理想信念是共產黨人的本質特徵，對於中國共產黨而言，當下堅定理想信念就是堅定中國特色社會主義道路自信、理論自信、制度自信和文化自信。而一個政黨的自信，根本上是源於每一名黨員的自信。沒有黨員自信，就沒有政黨自信。而黨員的自信，歸根到底又源於黨員的先進性。黨的十九大報告指出，「我們黨要始終成為時代先鋒、民族脊樑，始終成為馬克思主義執政黨，自身必須始終過硬。」一個堅強有力的政黨，

從來離不開無數素質過硬的黨員。因為完成使命和實現夢想「絕不是輕輕鬆鬆、敲鑼打鼓就能實現的。全黨必須準備付出更為艱巨、更為艱苦的努力。」因此對於全體中國共產黨員來說，首要的使命就是堅持不懈錘煉自己、百煉成鋼，使自身充滿自信。

一、錘煉令人信服的政治素養

　　對於一個政黨而言，自信首先是政治上的自信。對於一名黨員而言，也是同樣的道理。共產黨員的第一身份是黨員，政治性是共產黨員的第一屬性，講政治是共產黨員最鮮明的身份特徵。革命戰爭年代，中國共產黨的軍隊能打硬仗，主要靠的是講政治。新中國成立以來我們取得「兩彈一星」的突破、改革開放以來我們從學習西方到逐步趕超西方，不斷創造人間奇跡，一個非常重要的原因也是講政治。黨的十九大報告指出，「旗幟鮮明講政治是我們黨作為馬克思主義政黨的根本要求。黨的政治建設是黨的根本性建設，決定黨的建設方向和效果。」身為共產黨員無論走到哪裡，無論工作中還是生活中，都必須牢記這個第一身份，堅守這個第一屬性。什麼是政治？對於中國共產黨而言，當前最大的政治就是努力實現民族復興和人民幸福的偉大「中國夢」。黨的十九大報告指出，「實現中華民族偉大復興是近代以來中華民族最偉大的夢想。中國共產黨一經成立，就把實現共產主義作為黨的最高理想和最終目標，義無反顧肩負起實現中華民族偉大復興

的歷史使命，團結帶領人民進行了艱苦卓絕的鬥爭，譜寫了氣吞山河的壯麗史詩。」所以，樹立崇高遠大理想，自覺為實現「中國夢」而不懈努力奮鬥，就是講政治。講政治不是「精神萬能」，而是馬克思主義思想的一個重要特徵，是在尊重客觀規律的基礎上最大限度地發揮人的主觀能動性。講政治也絕不是抽象的政治口號，更不是搞兩面派、做兩面人、口是心非，不是屈服於個人主義、分散主義、自由主義、本位主義、好人主義、宗派主義、圈子文化、碼頭文化等庸俗政治文化之下的唯唯諾諾。對於共產黨員來說，「講政治」具有十分明確的標準，黨的章程、黨的各項制度和紀律、政策和方針、黨在不同歷史時期形成的優良傳統和規矩，集中體現了黨的政治價值和政治意志，是全體共產黨員講政治的根本遵循。要做到保證全黨服從中央，堅持黨中央權威和集中統一領導，堅定執行黨的政治路線，嚴格遵守政治紀律和政治規矩，在政治立場、政治方向、政治原則、政治道路上同黨中央保持高度一致。自覺尊崇黨章，嚴格執行新形勢下黨內政治生活若干準則，增強黨內政治生活的政治性、時代性、原則性、戰鬥性，自覺抵制商品交換原則對黨內生活的侵蝕，營造風清氣正的良好政治生態。自覺堅持民主集中制的各項制度，做到既充分發揚民主，又善於集中統一。自覺弘揚忠誠老實、公道正派、實事求是、清正廉潔等價值觀，堅決防止和反對個人主義、分散主義、自由主義、本位主義、好人主義，堅決防止和反對宗派主義、圈子文化、碼頭文化，堅決反對搞兩面派、做兩面人。全黨同志特別是高級幹部要加強黨性鍛煉，不斷提高政治覺悟和政治能力，把對黨忠誠、為黨分憂、為黨盡職、為民造福作為根本政治擔當，永葆共產黨人政治本色和自信的政治素養。

二、錘煉令人信服的工作作風

　　優良的作風是政黨自信心的另一個重要源頭。一個政黨如果作風普遍萎靡，其黨員面對人民群眾連頭都抬不起，更何談自信。作風問題是自詡為民謀利的政黨合法性的最生動表現和最直觀檢驗。黨的十八大以來，我們黨針對形式主義、官僚主義、享樂主義、奢靡之風開展了系列學習教育活動，深入開展批評與自我批評、問題查擺和問題整改，特別是隨著中央「八項規定」的出臺和實施，「打虎」「拍蠅」「獵狐」反腐倡廉運動取得重大進展，人們普遍感受到黨風政風民風為之一新，人民群眾對黨員幹部工作滿意度顯著提升，真正做到了「人民群眾反對什麼、痛恨什麼，我們就要堅決防範和糾正什麼。」但是，作風建設永遠在路上，過來取得的作風建設成績絲毫不能成為往後鬆懈的理由。黨的十九大報告指出，「全黨要清醒認識到，我們黨面臨的執政環境是複雜的，影響黨的先進性、弱化黨的純潔性的因素也是複雜的，黨內存在的思想不純、組織不純、作風不純等突出問題尚未得到根本解決。」並指出，「堅持以上率下，鞏固拓展落實中央八項規定精神成果，繼續整治『四風』問題，堅決反對特權思想和特權現象。重點強化政治紀律和組織紀律，帶動廉潔紀律、群眾紀律、工作紀律、生活紀律嚴起來。堅持開展批評和自我批評，堅持懲前毖後、治病救人，運用監督執紀『四種形態』，抓早抓小、防微杜漸。賦予有幹部管理許可權的黨組相應紀律處分權限，強化監督執紀問責。加

強紀律教育，強化紀律執行，讓黨員、幹部知敬畏、存戒懼、守底線，習慣在受監督和約束的環境中工作生活。」另外，隨著全面從嚴治黨的推進，一些新問題、新情況逐漸在黨內冒出苗頭，值得全黨同志警惕。如有的黨員同志由於害怕承擔幹事創業可能出現的不良後果，出現了怕作為甚至不作為的現象。有的黨員同志錯誤領會中央出臺的嚴禁「妄議中央」的規定，導致在黨內民主生活會上也不敢說實話、說真話的現象。有的黨員同志為了博得部分群眾一時好感，在開展群眾工作，或同群眾打交道的過程中，出現了降低原則、甚至無原則的現象。對此，黨的十九大報告指出，要「堅持嚴管和厚愛結合、激勵和約束並重，完善幹部考核評價機制，建立激勵機制和容錯糾錯機制，旗幟鮮明為那些敢於擔當、踏實做事、不謀私利的幹部撐腰鼓勁。各級黨組織要關心愛護基層幹部，主動為他們排憂解難。」要「擴大黨內基層民主，推進黨務公開，暢通黨員參與黨內事務、監督黨的組織和幹部、向上級黨組織提出意見和建議的渠道。」要「更加自覺地堅定黨性原則，勇於直面問題，敢於刮骨療毒，消除一切損害黨的先進性和純潔性的因素，清除一切侵蝕黨的健康肌體的病毒，不斷增強黨的政治領導力、思想引領力、群眾組織力、社會號召力，確保我們黨永葆旺盛生命力和強大戰鬥力。」可以說，黨中央長期抓作風的決心是堅如磐石的，並且越往後，作風建設會越趨向常態化、制度化、規範化、透明化。全黨同志不僅要清醒認清形勢，更要積極順應形勢，自覺從心底重視、從小事做起、從細節嚴起，堅持砥礪個人品行，規範個人言行，以過硬的作風錘煉過硬的黨性，做一個真正經得起群眾評判、經得起組織考驗、經得起歷史沉澱，作風上自信的共產黨人。

三、錘煉令人信服的個人品行

　　個人品行是更深層、更根本的作風問題，重視黨員幹部道德品行是我黨的優良傳統。對於任何一名共產黨員來說，個人品行關乎重大，向上是政治意識問題，向下是法律底線問題，向外是個人形象問題，向內是自我修身問題。品行修養是持之以恆、防微杜漸的事情，是不停自我約束、自我鬥爭的過程，說來容易，做起來卻並不輕鬆。歷覽古今中外以及黨的歷史，因為能力出眾而品行不端最終為歷史唾棄、遺憾終生的例子數不勝數。也正因此修身一事歷來都是世界上有志者最為慎重的事情。作為共產黨的幹部，必須通過品行關。黨的十九大報告指出，「要堅持黨管幹部原則，堅持德才兼備、以德為先，堅持五湖四海、任人唯賢，堅持事業為上、公道正派，把好幹部標準落到實處。」強調要「弘揚忠誠老實、公道正派、實事求是、清正廉潔等價值觀。」「全黨同志特別是高級幹部要加強黨性鍛煉，不斷提高政治覺悟和政治能力，把對黨忠誠、為黨分憂、為黨盡職、為民造福作為根本政治擔當，永葆共產黨人政治本色。」並指出，要「提拔重用牢固樹立『四個意識』和『四個自信』、堅決維護黨中央權威、全面貫徹執行黨的理論和路線方針政策、忠誠乾淨擔當的幹部。」自覺砥礪個人品行，昇華個人境界，築牢個人防腐拒變的堤壩，是每一名共產黨員時時刻刻需要認真對待、認真完成的功課。其中堅定偉大理想

信念、樹立正確世界觀、人生觀和價值觀是首要的問題。黨的十九大
報告指出,「要把堅定理想信念作為黨的思想建設的首要任務,教育
引導全黨牢記黨的宗旨,挺起共產黨人的精神脊樑,解決好世界觀、
人生觀、價值觀這個『總開關』問題,自覺做共產主義遠大理想和中
國特色社會主義共同理想的堅定信仰者和忠實實踐者。」提高人民思
想覺悟、道德水準、文明素養,提高全社會文明程度,需要 8900 多萬
共產黨員率先垂范、身先士卒、久久為功。8900 多萬中國共產黨員相
對於 13 億多中國人而言,仍是「關鍵少數」,這個「關鍵少數」有理想,
有信念,重品行,人民才會有信仰,國家才會有力量,民族才會有希
望。共產黨員只有在個人理想信念關上真正過了關,面對人民群眾、
面對困難挑戰才可能真正有定力、有底氣、有自信。此外還有帶頭遵
守法律、維護法律權威。黨的十九大報告指出,「各級黨組織和全體
黨員要帶頭尊法學法守法用法,任何組織和個人都不得有超越憲法法
律的特權,絕不允許以言代法、以權壓法、逐利違法、徇私枉法。」還
有帶頭弘揚科學精神,普及科學知識,帶頭移風易俗、弘揚時代新風
行動,帶頭抵制腐朽落後文化侵蝕,帶頭弘揚誠信精神、志願服務精
神,帶頭履行社會責任、尊重規則、樂於奉獻,帶頭發揚學術民主、
藝術民主,帶頭講品位、講格調、講責任,帶頭抵制低俗、庸俗、媚
俗,帶頭自覺抵制商品交換原則對黨內生活的侵蝕,營造風清氣正的
良好政治生態。各行各業、各領域的共產黨員都應自覺發揚黨的優良
傳統,永葆自信的個人品行。

四、錘煉令人信服的個人能力

　　中國共產黨作為執政黨，要想團結帶領中華民族在世界民族之林當中脫穎而出、贏得尊重、贏得自信，歸根到底需要有特別過硬、特別出色的執政能力。黨的十九大報告指出，「領導十三億多人的社會主義大國，我們黨既要政治過硬，也要本領高強。」改革開放以來，我們黨團結帶領全國人民取得了建設中國特色社會主義的輝煌成就。特別是黨的十八大以來，「我們黨以巨大的政治勇氣和強烈的責任擔當，提出一系列新理念新思想新戰略，出臺一系列重大方針政策，推出一系列重大舉措，推進一系列重大工作，解決了許多長期想解決而沒有解決的難題，辦成了許多過去想辦而沒有辦成的大事，推動黨和國家事業發生歷史性變革。」這些成績充分說明了中國共產黨是一個堅強有力的政黨，一個值得自信的政黨，也說明 8900 多萬中國共產黨黨員是有本領和能耐的黨員，是值得擁有自信的同志。另外，這些年來，越來越多的國際媒體、知名學者、政黨領袖對中國共產黨和中國共產黨所創造的輝煌業績予以積極評價，這也從另一個側面證明了我們的黨以及全體黨員幹事創業的能力不容置疑。但是，越是在輝煌成績面前，我們越要能夠清醒看到存在的不足、清醒看到我們所面臨的複雜局勢、困難和挑戰，因此越是要保持艱苦奮鬥、戒驕戒躁的作風。黨的十九大報告指出，全黨同志要「深刻認識黨面臨的執政考驗、改革開放考驗、市場經濟考驗、外部環境考驗的長期性和複雜性，深刻認識黨面臨的精神懈怠危險、能力不足危險、脫離群眾危險、消極腐敗危險的尖銳性和嚴峻性，堅持問題導向，保持戰略定力，推動全面從嚴治黨向縱深發展。」為此，全黨同志要自覺增強學習本領，做善

於學習、勇於實踐的共產黨人；要自覺增強政治領導本領，培養戰略思維、創新思維、辯證思維、法治思維、底線思維，不斷提升科學制定和堅決執行黨的路線方針政策的能力；要自覺增強改革創新本領，始終保持銳意進取的精神風貌，善於結合實際創造性推動工作，善於運用互聯網技術和信息化手段開展工作；要自覺增強科學發展本領，善於貫徹新發展理念，不斷開創發展新局面；要自覺增強依法執政本領，帶頭遵守黨內法規制度，按規矩辦事，做敬畏規則、尊重規則、倡導規則、維護規則的先鋒模範；要自覺增強群眾工作本領，善於創新群眾工作體制機制和方式方法，善於聯繫群眾、組織動員廣大人民群眾堅定不移跟黨走。要自覺增強狠抓落實本領，堅持說實話、謀實事、出實招、求實效，把雷厲風行和久久為功有機結合起來，勇於攻堅克難，以釘釘子精神做實做細做好各項工作；要自覺增強駕馭風險本領，善於處理各種複雜矛盾，勇於戰勝前進道路上的各種艱難險阻，牢牢把握工作主動權。

作為新時代的中國共產黨人，我們身處浩浩蕩蕩的世界大潮之中，攜手走在雄偉壯觀的民族復興和國家富強康莊大道的最前列，我們有幸作為這支世界上隊伍最大、力量最強、效率最高、事業最為宏偉、成就最為顯著的政黨的一員，我們沒有什麼理由不自信，沒有什麼理由不自豪，沒有什麼理由不自強，更沒有什麼理由不激勵自己不斷前行！

後 記

習近平總書記指出：當今世界，要說哪個政黨、哪個國家、哪個民族能夠自信的話，那中國共產黨、中華人民共和國、中華民族是最有理由自信的。有了「自信人生二百年，會當水擊三千里」的勇氣，我們就能毫無畏懼面對一切困難和挑戰，就能堅定不移開闢新天地、創造新奇跡。

全黨要堅定道路自信、理論自信、制度自信、文化自信。回首過去，展望未來，「四個自信」深刻道出了中國共產黨值得自信的根本理由，同時也指出了新的歷史征程中全體中國共產黨人應該有的精神狀態。

馬克思說：理論只要徹底，就能掌握人。本書作為理論宣傳普及讀物，堅持「先理論後宣傳」的寫作方針，力爭以學術講政治，以學術的嚴謹性為背景，支撐宣傳的生動性，避免沒有理論深度泛泛而談。本書由王毅（中共中央黨校黨史部副教授）擔任主編，彭志恩（中共

中央黨校研究生院馬克思主義理論骨幹博士）擔任副主編，參與本書寫作的同志分別為趙委委（第一章），張竑（第二章），彭志恩（第三、第六章），蔣孝明（第四章），毛強（第五章），本書書稿最後由王毅、彭志恩整理修訂。以上參與寫作的同志皆為中共中央黨校研究生院 2016 級馬克思主義理論骨幹哲學專業在讀博士生，書稿旨在學習貫徹黨的十九大精神，但由於作者水準和學識有限，書中錯誤和不足之處在所難免，懇請廣大讀者閱後不吝批評指正！

新社會主義研究叢刊　AA201025

中國共產黨最有理由自信

作　者　王　毅　彭志恩
版權策劃　李換芹

發 行 人　林慶彰
總 經 理　梁錦興
總 編 輯　張晏瑞
編 輯 所　萬卷樓圖書（股）公司
排　　版　小漁
封面設計　小漁
印　　刷　百通科技（股）公司

出　　版　昌明文化有限公司
　　　　　桃園市龜山區中原街 32 號
電　　話　(02)23216565
發　　行　萬卷樓圖書（股）公司
　　　　　臺北市羅斯福路二段 41 號 6 樓之 3
電　　話　(02)23216565
傳　　真　(02)23218698
電　　郵　SERVICE@WANJUAN. COM. TW
大陸經銷
廈門外圖臺灣書店有限公司
電郵　JKB188@188.COM

ISBN 978-986-496-558-8 （平裝）
2020 年 3 月初版一刷
定價：新臺幣 320 元

如何購買本書：
1. 劃撥購書，請透過以下帳號
　 帳號：15624015
　 戶名：萬卷樓圖書股份有限公司
2. 轉帳購書，請透過以下帳戶
　 合作金庫銀行古亭分行
　 戶名：萬卷樓圖書股份有限公司
　 帳號：0877717092596
3. 網路購書，請透過萬卷樓網站
　 網址 WWW.WANJUAN.COM.TW
　 大量購書，請直接聯繫，將有專人
　 為您服務。(02)23216565 分機 610

如有缺頁、破損或裝訂錯誤，請寄回
更換

國家圖書館出版品預行編目資料

中國共產黨最有理由自信／王毅，彭
志恩著 . — 初版 .— 桃園市：昌明文
化出版；臺北市 ： 萬卷樓發行，
2020.03
面 ；　公分
ISBN 978-986-496-558-8 （平裝）
1.中國共產黨

576.25　　　　　　　　　109003279